深掘り観光のススメ

読書と旅のはざまで

井口貢 著
IGUCHI Mitsugu

ナカニシヤ出版

はじめに

本書は、ナカニシヤ出版からの前著『反・観光学――柳田國男から、「しごころ」を養う文化観光政策へ』（二〇一八年九月刊行）の続編と位置付けたものである。それと同時に、私が大学で教壇に立つことになっておおよそ三十年が経過した流れのなかで、想い巡らしてきた地域社会の文化と観光に関わる私見を、新たに全文書下ろしとして上梓するものである。

現在勤務する同志社大学政策学部、総合政策科学研究科においては、「文化政策」と「観光政策」を講義し、併せてその演習を担当させていただいている。同大では十五年を超えようとする経験のなかで、一貫してこの主題で担当してきたことになる。しかし、一般論としていうならば、大学教員となった当初、「文化政策」や「観光政策」を表題科目とした講義を有する大学は、皆無に近かったのではないだろうか（もちろん、全国諸大学・短期大学のカリキュラムを調べたわけではないが）。そのころは、観光学部を持つ大学もなく、立教大学の社会学部にそれに関わる学科があるということぐらいしか、寡聞にして私は知らなかった（その後、立教大学にそれが学部として誕生したのは、なんと二〇〇〇年前夜のことであったと記憶している）。

私の初任地は、愛知県岡崎市にある岡崎女子短期大学という私立の女子短期大学であった。三学科を有し、規模は小さくはなかった。バブル経済華やかなころに設置された「経営実務科」が私の所属で、この学科だけでも当時（二学年で）およそ四百人の学生が在学していた。そのときに主に担当していた科目は、「経済学概論」「日本経済論」「日本経営史」そして「演習」であった。「演習」では、まさに文化経済学や観光・まちづくりに関する文献を、女子短大生とともに輪読しそして時折りフィールドワークに出かけもした。(※) 初年度の演習では、『ディズニーランドの経済学』（粟田房穂、朝日文庫版、一九八七年刊）を学生たちと楽しく輪読したことが今も記憶に残る。

そして数年後に、「文化経済学」という科目を新たに設置していただいた。

その後、二つの大学を経験して同志社大学に赴任することになるが、同志社大学以前の十五年も、結果としていうならば「文化政策」と「観光政策」に関連する講義と演習に関わってきた。そして、このような科目群と世の中の流れとが並行する教員生活のなかで、いつも感じていた忸怩たる思い、ディレンマがひとつあった。それは簡単に解消できるディレンマではないが、序章、第1章の本文中にその詳述は委ねることにしたい。

そして、本書の表題の一部にある「深掘り観光」（普通の日本語とはいえ、類書でもほとんど使われたことのない言葉ではないだろうが）という言葉の意図も併せ本文の序章以降で順を追いながら、読者の皆さんには伝えていきたいと思う。

なお、この本はとりわけ「これって、観光（学）の本でしょうか?」といぶかしく思う人たちにこそ読んで欲しいと思う。

柳田國男が『遠野物語』の序文で記した、「この書を外国にある人々に呈する」という一言、あるいは司馬遼太郎が『街道をゆく』の連載初回、「湖西のみち」で逆説的に述べた真意、「これでも紀行文でしょうか」に思いを寄せながら、そしてさらには詩人・松本隆が、はっぴいえんどのアルバム『風街ろまん』に刻んだ一曲、「はいからはくち」を想起しつつ……。

（「はいからはくち」のなかには、今では使用することを控えなければならない文言もあるが、一九七一年の楽曲であるということと、詩人の当時の意図を踏まえつつ引用した。）

二〇二〇年十一月二〇日

脱稿の後、濃尾参州で過ごした来し方を想いつつ、洛中での行く末に思いを馳せて

井口　貢

（※）　彼女たちとのフィールドワークの一部の様子を記したものとして、最初の単著『文化経済学の視座と地域再創造の諸相』（学文社、一九九八年）所収の「Ⅳ部　地域社会：逍遥とその愉楽」内の「第1章　文化的集積としての在来型商店街」（一三八 - 一六一頁）がある。これは、岡崎市中心市街地にある古くからの商店街、旧東海道岡崎宿・伝馬通りとが交差する「康生通り（家康が生まれた町、ということに因んだ命

名)」で展開したフィールドワークの経過を描いた。この頃は、「常在観光」や「産業観光」という言葉もまだ市民権を得てはいなかったが、私にとってその萌芽と予感を感じさせてくれる思い出深いものとなった。

目次

序章

読書力と人文知、そして観光文化

新型コロナウィルスの災禍のなかで

二〇二〇年（令和二年）四月七日、時の総理大臣・安倍晋三は新型コロナウィルス禍の深刻さがいや増すなか、遅きに失するのではという世論の高まりを受けるかのようにして、特別措置法に基づく緊急事態宣言を発した。この時点で東京都をはじめとした七都府県がその対象となり、期間を大型連休が終わる五月六日までの一か月間とした。その対応の時期や可否の詳細については、ここではあえて論じない。しかし、中小企業や個人事業主の経済的打撃と精神的な苦悩は大きく、その苦悩に対して、哀れみや同情さらには自らの政治的思惑を超えて、真の共感の念が伝わってくるのを、首長（知事、基礎自治体の市町村長）の多くに感じることはできる。

しかし、一方で政府関係者や国会議員、首長も含め必ずしもそうとは感じられない人たちの存在も同時に思わざるを得ない。これもまたひとつの非常事態かもしれない。一例をあげると、自らの明断さをその行為（パフォーマンス）で表現しようとしているとしか思えない、耳触りだけは良く格好よい横文字的専門用語を駆使したような表明やコメントは、多くの人々、とりわけ日本という国で普通に暮らし普通に生きてきた人々、まさに現代に生きる私たち「柳田國男的常民」（適切な言葉ではないが、敢えてこの語を使う）には決して響かないだろう。ここでわが国の近代知を象徴する思想家であり稀代の政策科学者でもあった柳田國男（一八七五－

一九六二）が使用する「常民」概念について考えるためのひとつのヒントを提示しておきたい。詩人であり評論家であった吉本隆明の言葉を引用することで、その行間から考えておいてもらおうと思う。

「常民」とは、いわば歴史的な時間を生活史のなかに内蔵し、共時化しているものをさしている。（吉本隆明『柳田国男論』初出：一九八七年。『吉本隆明全集21』晶文社、二〇二〇年、一二七頁）

作家・司馬遼太郎（一九二三－一九九六）が、『週刊朝日』誌上で連載を始めた一九七一年（昭和四十六）一月、「湖西のみち」のなかの「朽木渓谷」の一節で定義した「街道」の捉え方がある。「時間」という概念を含めて、吉本の「常民」の捉え方と比較して考えてみたい。

街道はなるほど空間的存在であるが、しかしひるがえって考えれば、それは決定的に時間的存在であって、私の乗っている車は、過去というぼう大な時間の世界へ旅立っているのである。（司馬遼太郎『街道をゆく1』朝日文庫、二〇〇八年）

司馬が観た時間的存在としての街道は、吉本がいう生活史のなかに内蔵された歴史的時間である。そして、その生活史は普通に暮らし普通に生きてきた人々（すなわち、まさに常民）の生活誌でもある。そこに光を当て、あるいは影を見つめることは「観光」のひとつの使命でもある。『街道をゆく』に限らず司馬の作品には、多くの歴史上の著名な人物が登場するのは事実である。歴史の教科書風にいうならば、それは光かもしれないが、彼らを支持し支え、時として時代の変革のために立ち上がった名も無い人々とその影を司馬は決して無視したり軽視したりはしていない。彼らは『街道をゆく』の作中でも、空間的そして時間的存在として、紡がれた「物語」のなかで確かな生を生きている。

言葉の重みについて

さて話を元に戻そう。コロナ禍の渦中でしばしば使用されることになった、オーバーシュート、ロックダウン、クラスター、ステイホーム、ソーシャルディスタンス等々……義務教育の英語ですら使用される簡単な単語であるが、逆にこのカタカナ語は、それゆえに混乱や誤解や偏見に満ち、時として過度なまでに煽るような状況を引き起こすことすらあるのではないだろうか。さらにいうならば「オンライン帰省」「ステイイン東京」「東京アラート」等々については、なお微妙な違和感をその言葉とともに感じてしまうのは、私だけであろうか。これらの言葉に重みを感じることができないと感じるのも私だけではないのではないだろうか。一方で、こうした言葉を発する人たちは、深い重みのある言葉と自画自賛しているように思われて仕方ない。しかしこうした言葉は、あたかも消耗品のごとく、瞬時に死語と化してしまうのではないだろうか。

実は、ナカニシヤ出版からの前著で私は、昨今軽視されがちな人文知の大切さと、その復権を微力ながら訴えたつもりである（『反・観光学――柳田國男から、「しごころ」を養う文化観光政策へ』二〇一八年）。カタカナ語を軽薄なまでに使用する政治家たちの言葉に、重みや人文知を感じることができない。そのことはひいては、国民・市民の痛みに対する思い遣りや篤い思いの欠落に他ならない。かつて、伝説の国語教師といわれた橋本武がいった「すぐに役立つことは、すぐに役立たなくなる」とは、けだし名言だと思う。また人文知の欠落は、「すぐに役立たなくなるのに、すぐに役立つ」ことを絶対善のごとく行なうことにもつながりやすい。換言すれば、経済効果の重視偏重は、費用対効果を過度なまでに求め、成果に時間のかかる人文知の役割について深く慮《おもんぱか》ろうとしない。

何故あえてこのような苦言を呈する一文を私はここに記しているのか。それはこの苦難に満ちた世の流れのなかで、非常なまでの危機的状況にある現象のひとつに、本書が主題とする「観光」があるからである。すなわち「観光」という言葉自身が（これはもちろん、江戸幕府の第十三代将軍・徳川家定の時代に日本語となった言葉であるが）、やはり誤解や偏見、あるいは先入観に縛られた思考（ステレオタイプ）に支配されてきたと強く感じているからである。

コロナウィルス禍が広がることになってしまった二〇二〇年から九年前の二〇一一年（平成

二十三年）三月十一日、わが国は東日本大震災にみまわれた。被災した地域は多くのすぐれた観光資源を有していたものの、そのとき、「もはや観光どころではない」という声も上がった。実は、この大震災直後、私たちは微力ながら「いや今こそ観光が観光であるためには、その意識の転換と構造改革が必要」という意図のもと『観光文化と地元学』（井口貢編著、古今書院、二〇一一年八月）を上梓した。この拙編著の表紙部分には、幾葉かの写真と併せ、読者へのメッセージを載せている。あえて、引用しておきたい。

地元学は「観光」をめぐる文化資源の発掘、発信のいわば知的バックボーンといえよう。また一方で、「観光」を主体とした地域振興や活性化に対する、一定の批判的視座を確保する理性の枠組みである。

しかしその後の観光をめぐる時代の文脈をみたときに、何が現実では起こったのか。過度なまでの、インバウンド増大化のための観光政策がいたるところを跋扈し、爆買いやオーバーツーリズム、観光公害などが結果としてその足跡を残した。「観光とは経済政策である」といって憚らない人たちや、「いかにして観光客に、お金を落とさせるか」と平然といってのける、観光業界の人たちや行政の担当者（それらは、一部の人たちの声と思いたいが、あまりに大きかった）。裕福でお金が有り余って観光に行く人も確かにいるに違いない（外国人観光客も含めて)。しかしそれに対して、可処分所得が限られたなかで、例えば年に一度か二度の夫婦旅行を楽しもうと思う人々も少なくないだろう。彼らに「お金を落とさせる」などという発想は、人文知を弁えた良識と良心がある人々にはできない相談である。

なぜこのような状況を生んでしまったのだろうか。答えはもちろん、ひとつではない。しかしその大きな原因は、本来日々の暮らしのなかで多様であるはずの観光の愉しみと、学問分野のひとつとしてそれを考えたときにも、学際的でなければならない観光学の考察が、先入観(ステレオタイプ)に陥ってしまっているからではないだろうか。そして観光を考察の対象とするときに必要な武器でもある「近代知」そのものが、まさにステレオタイプに陥ってしまっているのではないだろうか。

文芸評論家の小林秀雄(一九〇二―一九八三)は、かつて「信ずることと知ること」(初出:一九七五年)という論評のなかで、こう看破した。

人の心の定めなさは誰も感じている。人間精神の動きの微妙さは計量計算には到底ゆだねられない。そこに精神的なものの本質があると言っても、常識にそむくまい。そこで近代科学の最初の動きは精神現象を、これと同等で、計量できる現象に置きかえられないかという探求だったのです。……科学は、この持って生まれた(僕等の)理性というものに加工をほどこし、科学的方法とする。計量できる能力と、間違いなく働く智慧とは違いましょう。**学問の種類は非常に多い。近代科学だけが学問ではない。その狭隘な方法だけでは、どうにもならぬ学問もある。**（『小林秀雄全作品26』新潮社、二〇〇四年）

「学問の種類は非常に多い」と、小林はいう。まさにその通りである。「観光」という問題に直截的に小林が言及しているわけでは決してない。しかし、碩学の言葉は私たちの人生の様々な局面において、その行間を通して響くことが少なくない。それがまた、碩学の碩学たるゆえんでもある。

言葉、そしてステレオタイプという陥穽

「観光」を学問として捉えることを考えたときにも、「観光学」と「観光業学」では随分と大きな乖離があるだろう。例えば「観光とは経済政策」と考える人たちにとっては、「観光業学」と「観光学」とを同義のものと捉える、先入観（ステレオタイプ）という陥穽から、決して脱しきることができないに違いない。

ましてや彼らにとっては、小林秀雄の思想の一片が「観光」について「考えるヒント」になるとは、想像すらできないのではないだろうか。例えば、カジノの創設が地域観光に大きく寄与し、それが日本の観光の切り札になると考えている人たちのことを想起してほしい。

先入観（ステレオタイプ）と観光という視点でさらにもう少しだけ記しておきたい。

冒頭に近いところで、「耳触りだけは良く格好よい横文字的専門用語を駆使した」という表現を採ったが、「文化」と「観光」をめぐる文脈のなかでもこうした用語の多用は、やはりまた時として恣意性を招き、本来が多様でなければならないはずの「文化」と「観光」を、意図的ともいえる先入観の呪縛にかけてしまう。

クール・ジャパン、クリエイティブ・シティ、クリエイティブ・ツーリズム、コンテンツ・ツーリズム、マイクロ・ツーリズム……等々、枚挙にいとまがない。そしてその言葉の呪縛が、本質として持つはずの、例えば地域社会にとっての深層性と創造性そして想像力を破壊し、表層的な外見面のみで「文化」と「観光」を躍らせてきたのではないか。

コロナ禍が収束し終息するとき、私たちは決して集団的な反復脅迫に[※1]「観光」が誘導されてしまってはならないと強く感じている。政府がいう一連の〝Ｇｏ　Ｔｏ　キャンペーン〟、それに呼応して「コロナ終息後は、大観光キャンペーンをすべき」という声をあげている人たちがいるのは、まさにその懸念である。ひいては、終息したあとのコロナ禍の再発すら引き起こしかねない。

大災害や今回のような感染症の世界的な大流行（パンデミック）で観光が大きな打撃を受け、その混乱が終息した暁には、ここぞとばかり以前と同じ形で、その精神的外傷をもすっかり忘れたかのように、観光の復活を従来通りの形で繰り返し、観光公害やオーバーツーリズムが再度招来されてしまっては決してならない。

先に文化と観光に関わるカタカナ語を列挙してみた。そのなかの、例えば「コンテンツ・ツーリズム（※2）」を想起して欲しい。この言葉を聞いた読者諸氏は、その意味をどう解釈されるだろうか。語弊と偏見を恐れずにいうならば、十人中八人以上の方は「アニメ作品に登場した舞台を実際に訪れてみて、楽しむ聖地巡礼」と捉えるのではないだろうか。

そもそも、コンテンツ（contents）という言葉自体が、一言での邦語には訳しにくいという恨みは、残念ながら否定できない。例えば、「内容観光」「中身観光」「目次観光」……などと訳したところで、まったく意味がなさないと冷笑されるのがオチだろう。そこで、カタカナ語で便利かつ広義に表わすはずのところが、かえって実際のイメージを狭く、狭隘化し、老若男女すべての人に愛されるべき対象を、若者層のなかの一部のマニアックな人々のためのマニアックな部分での観光の対象化に甘んじさせてしまってきたのではないか。ある意味で、観光をめぐる言葉の呪縛から解放することも、観光について考えるための大きな主題といってよいだろう。

言葉は悪いが、「コンテンツ・ツーリズム」は「オタク・ツーリズム」化しクラスター化（クラスターという言葉は新型コロナ汚染の影響で、一層負のイメージが強くなってしまったが）してしまった。そして分衆化された集合体、すなわちクラスターとなって、ある若者たちは江ノ島電鉄・鎌倉高校前駅に、またある若者たちは茨城県の大洗海岸に集い、そしてある若者たちは、アニメのキャラクターで装飾されたクルマに乗って、滋賀県豊郷町豊郷小学校旧校舎群にやってくる。こうした現象を悪とは呼ばない。大衆文化のひとつの現象形態としてそれを否定するつもりもない。

しかし全国各地に発生した「アニメ・ツーリズム」のファン層のクラスター化は、時としてこうしたアニメを好ましくないと感じる地域の人々を敬遠させ、ひいては地域とそこに暮らす人々との遊離を招きかねない。私は、地域の「生活文化」（常民文化とあえて換言してもよい）の一端から、「大衆文化（ポピュラーカルチャー）」の一局面が瓦解することを危惧するのである。そして地域社会の光景の表象化が、こうした狭義の「コンテンツ・ツーリズム」に今は担われているとしても、それは数年のブームで終わるのではないか。

ゆえにいわゆる、まちづくり、まちおこしを担当する行政担当者や関連する地域の観光業者、飲食業者も、人々と、それに直接関わることの少ない住民との距離感が拡大することに対しての危惧を感じざるを得ないのである。ブーム化したB級グルメやゆるキャラも、本質的な部分においてその差異はなかったはずだ。

（※1）　反復脅迫とは、もともとはS・フロイト（一八五六－一九三九）が、精神分析の用語として使用したものである。簡単に一言でいってしまえば、人は駄目とわかっていても、同じ過ちを繰り返してしまうものである……、と理解したらよいだろう。

（※2）　文芸作品や映像作品、あるいはアニメなどの舞台となった場所を観光対象とする行為。ただ、現状ではとりわけマニアックなアニメ作品がその対象となっている観が強い。

生活文化と生活誌

地域社会の光景は時代の変容とともに、姿は変えるかもしれない。しかしその地域に住まう多くの人々の大切な生活文化は、仮に口端から始まったとしても愛され伝えられていけば、百年、二百年あるいはそれ以上に地域社会の記憶として残り、結果としてそのまちの観光は継承されていくと信じたい。

特定の一例をあげることに躊躇がないわけではないが、先に「茨城県の大洗海岸」と記した。それを舞台にしたアニメ『ガールズ&パンツァー』について、私は詳細を知るわけではない。とりわけ中高年以上の人たちは同様であろう。しかし、彼ら中高年層のなかで、『風土記』の存在や国民的作家で社会派ミステリーの巨匠ともいわれる松本清張（一九〇九－一九九二）の名を知らない人は、皆無に近いのではないだろうか。「大洗海岸」を背景にしたとき、中高年の人たちが、若者たちに伝えるべきコンテンツ（と敢えていおう）は、流行する一過性の現象ではなく、敢えて『ガールズ&パンツァー』と並べて二者択一的にいうならば、『常陸国風土記』（七二一年頃）とそれをヒントに松本清張が、現代のミステリーとして謎解きしながら書き上げた『巨人の磯』（初出：一九七〇年）こそ、よりふさわしいのではないか。『常陸国風土記』はまさに、今の茨城県で千数百年もの以前から伝えられてき生活文化と生活誌の結晶であり、松本は小説を通しその一端の謎を解き、広く伝えようとした。

　また豊郷小学校旧校舎群を「コンテンツ・ツーリズム」の一端に位置付けるとするならば、『けいおん！』で刺激を受けた若者たちには、当地出身で、総合商社「伊藤忠」の大番頭と称された古川鉄次郎（一八七八－一九四〇）による地域教育に対する社会貢献の業績や、この小学校を建造するときの設計に携わったW・M・ヴォーリズ（一八八〇－一九六四）の意図に想いを馳せることの大切さを伝える必要性があるだろう。それがなければ、校舎の階段の手擦りにあるウサギとカメも、単に「可愛い造形」という印象を与えるだけにとどまり終わってしまう。

商業政策に負けるな、観光文化！

　すなわち観光とはその本来の意味と意義は、単なる暇つぶしや物見遊山ではなく、ましてやお金儲けのための手段でもなく、子どもや孫たち次世代の担い手たちに何かを伝える「文化」と「教育」でなければならないと私は強く思う。しかもここでいう「教育」とは、高学歴社会に求められるための教育を意味するわけでは、決してない。「大衆文化」という言葉の「大衆」に一定留保しつつ、「常民文化」「生活文化」という換言を先に採ったが、「教育」としての観光とは、常民の生活文化の向上のために、知識のみではなく知恵（智慧）と教養を育む役割を果たすべきものであると考えたい。そして、老若男女を問うことなく地域で共に学び合うべき「協育」である。それはコロナ禍の世相以前に、似非的ともいえるインバウンド偏重の観光ブームを是正するための処方箋でもある。これを改めて「観光文化」のひとつの形態と呼ぼう。

物見遊山ではない、旅の時間の充実のために。

旅と読書

福間良明（一九六九－）は、近著『「勤労青年」の教養文化史』（岩波新書、二〇二〇年四月）のなかで、今日の時代の文脈のなかで、実利を超越した読書・教養が「ポピュラー文化ではもちろんのこと、教育に関する議論のなかにおいても、ほとんど触れられることはない」と嘆息している。それは、教育も実利を重視しているからに他ならないし、一部の政治家やその他の人々が安易に、そして得意満面でカタカナ語を羅列している様にも根底では通じている。とりわけ読書と教養という視点で。そして、読書と教養が育むもののひとつに、行間を読む力というものがあるということを忘れてはならない。行間を読む力は、他者の喜怒哀楽に共感することができる念（私はこれを「詩心」と呼びたい）をさらに育んでくれる。

ここで多少の飛躍を許していただければ、「旅は読書から始まる」と私は思っている。詩人・寺山修司（一九三五－一九八三）の逆説的な名言「書を捨てよ、町へ出よう」をもじって、「書を携えて、まちに出よう！」とゼミの学生たちには言い続けて三十年近くなるが、その思いは今も変わらない。

柳田國男はいう。「旅行にも愚かな旅行、つまらぬ旅行は多々あって、しかも一方にはまた非常に有益な可能性もあるのである。我々が御同様に良書を求めて倦まぬのと同じく、常に良き旅行を心掛けねばならぬゆえん」であり、良い読書は良い旅行と同じで「単に自分だけがこれによって、より良き人となるのみならず、同時にこの人類の集合生活にも、何か新たなるものまた幸福なるものを齎し得る」ものであると（柳田國男『青年と学問』初出：一九二八年。『柳田國男全集27』ちくま文庫、一九九〇年）。

旅に出ることもままならない苦難の時代、あるいは社会が苦難を脱したとしても、病に倒れ身体に障碍をきたして旅することが厳しいときもあるだろう。しかし、ささやかでも読書は回復のときを求める希望につながるものであると、私は信じて疑わない。

今こそ本を読んで、旅に思いを馳せよう。それは「安楽椅子探偵（ベッド・ディテクティブ）」でも良いと開き直っても構わないだろう。それがきっと自らの心を耕し、次のきたるべき豊かな活動に光明をもたらすに違いないと信じて！

安楽椅子から始める旅

「安楽椅子探偵」と記したが、まずは読書を通してその面白さを知り関心が喚起され、旅に誘われるということは十二分にあることである。例えば、「旅の遠近法」と「知の遠近法」という視点からヒントを得てみたい。

私自身の体験でいうならば、そのことをぼんやりとではあるが、感じることができたのは、十代の頃の読書体験が発端となっている（柳田國男『蝸牛考』や松本清張『砂の器』など、これについては直後にもう少しだけヒントを記したい)。すなわち、「遠近法」を旅の思想として援用できるのではないかということだ。「知の遠近法」と呼んでもよい。

安楽椅子探偵(ベッド・ディテクティブ)とは、推理小説(ミステリー)の手法で使われる言葉である。直訳風にいえば、必ずしも現地に赴くことなく、あたかも安楽椅子(アームチェア)に座り資料等を読み込みそれらを駆使し、推理の輪を広げることで事件を解決してしまう(あるいは、その大きな手掛かりを提供する)ことである。これはまさに、様々な理由で観光に赴けない人たちに、「いつかきっと……!」という希望や勇気を与えてくれるのではないだろうか。先に挙げた松本清張は、その手法の名手でもあった。

彼の名を一躍広く有名にした作品のひとつとして、『点と線』(初出:雑誌『旅』に連載、一九五七年二月号－翌年一月号、[財]日本交通公社)がある。この作品はまさに、作中人物に投影された松本による、安楽椅子探偵(ベッド・ディテクティブ)の傑作であったといってもよいだろう。普段病に伏せて鎌倉に静養する安田亮子は、日がな「時刻表」を愛読の友として、今でいう「ネットサーフィン」ならぬ「時刻表サーフィン」の名手であった。彼女は、機械工具商を営む夫の辰郎が完全犯罪を遂行しようとした目論見のなかでの、アリバイづくりに対して大きなヒントを、彼に提供する。今も語り伝えられることになるくらいに著名となった「東京駅、十五番線ホーム、寝台特急・あさかぜ、空白の四分間」のミステリーである。「空白の四分間」の存在こそが、亮子による「時刻表」からの発見の賜物であった(ちなみに、戦後初の寝台特急・あさかぜの運行開始は一九五六年、『経済白書』が「もはや戦後ではない」と謳いあげた年でもあった）。

福岡署の老練刑事の鳥飼重太郎は、警視庁捜査二課の三原紀一という若い警部補とタッグを組んで、この安楽椅子探偵の謎に挑んでいくというストーリーである。ここでは、旅と鉄道が重要な小道具として仕掛けられ、社会悪に敢然と挑む松本清張が確かに立っていた。

この作品の背後にも、政商（安田辰郎）と某省大臣、そしてキャリア官僚との癒着・汚職の裏で、非キャリアの事務官や課長補佐、そして何ら政治には関係のない寡婦までもが犠牲となって、巨悪の根源は平然と出世の階段を駆け上がっていくという構図に、清張は大きな憤りを表現した。そして併せて、その犠牲となった人々への限りなき哀惜の念をも、その行間から私たち読者に伝えようとしたに違いない。「いつの時代も変わらない人間の悪しき性《さが》、本当にそれを許してしまっていいのか！」と。

史眼（史心）という要素（ファクター）

またその書名はすでに挙げたが、『巨人の磯』のミステリーは、主人公といってよい法医学者の清水泰雄が、『常陸国風土記』をヒントに、大洗海岸に漂着した溺死体の謎に挑む。松本のその記述の過程では、柳田國男の山人に対する畏怖感なども援用され、興味は尽きない。『古事記』の時代から現代にいたる、遠い昔（遠）と今（近）ではおおよそ違ってみえる時空のなかで、人々の喜怒哀楽の近似性を発見する喜びは、旅をすることを想わせる。彼のベッド・ディテクティブは、読書を通して培われた「推理（史眼）を働かせ」る（『巨人の磯』新潮文庫、一九七七年、五四頁）ことがその要諦となっており、読む人には時間も空間も超えた旅心を感じさせてくれる。

そして、「史眼」とは、まさに柳田國男が重視した「史心」（『日本の祭』初出：一九四二年。角川ソフィア文庫、二〇一三年）に関わる記述をも想起させ、国民的作家と碩学思想家の間で通底する思いに共鳴してしまう。

直前に記したように、「旅の思想としての遠近法」について、松本と柳田に絡んでそのヒントを呈したい。再度その書名を紹介することになるが、『蝸牛考』（柳田、初出：一九三〇年）と『砂の器』（松本、初出：一九六〇年）がそれである。

柳田は、方言周圏論という仮説を提案。松本は、いわゆる「ズーズー弁」が東北地方以外に奥出雲地方（島根県）でも話されているという事実に着目している。「遠くの類似点と近くの相違点」、これはまさに旅から得ることのできる「旅の遠近法」だろう。読書と観光を通して、さらに「知の遠近法」について考える手がかりとなりそうだ。

読書文化が救うこと

これから綴っていくことになる本書の前置きともいえる序章を閉じるにあたって、今一度確認しておこう。この苦難な状況のなか、これを乗り越えることができるときは必ず来るだろう。その彼岸には、人文知の存在とその可否が問われるに違いない。そして人文知を涵養するのは、読書力と読書文化に違いない。しかもそれは能う限り、ネットではなく「本」として読みたい。そして、一国も一地域もそのリーダーとして、豊かな人文知を有する人に委ねたいものである。そのためにも私たち国民・市民が一人ひとり、主体的に確かな読書力を養い人文知を自らのなかに育みたいものである。私の知る限り、地域社会のなかで、まちづくりや観光を実践的に重視する人たちの多くは、本を読む豊かな経験を持ち、その大切さを熟知している。それが欠如したまちづくりや観光振興は、まさに「すぐに役立つけれど、すぐに役立たなくなる」に違いない。

私が大学で担当する「文化政策」も「観光政策」も、それを学ぶ基本は読書力であると私自身信じて疑ってはいない。それを有しないフィールドワークは、砂上の楼閣といってよいのである。

そして読書を通して深掘り観光、観光文化の増進を

この序章で紹介した何人かの思想家、作家（柳田、宮本、司馬、松本……）は読書を通して旅の思想を深めて、旅の実践から言葉を紡いだ。読書と旅に深く関わることで思想の言の葉の輪を広げ深めたといってよい。そして彼らは、例えば一般的には、旅と観光の必須アイテムと

されている「グルメ的遊興」を皆無といってよいぐらいに語ることなく、「旅の思想を形成《けいせい》」した。駄洒落ではないが、「経世《けいせい》在民と旅」を念頭に置いた、まさに「深掘り観光」の達人たちであったといってよいだろう。それは、水平な時空のみならず垂直な視点で、あるいは通時的かつ共時的な視野に立って社会を俯瞰する旅を試みることができる、柔らかい心を有していたからに他なるまい。

松本清張は、旅の途上（島根県大田市大森町）で出会った義肢製作会社社長夫婦に「空想の翼で駆け　現実の山野を往かん」という一文を捧げたという（朝日新聞朝刊「試写室」、二〇二〇年五月八日付）。

また観光文化の名手であった宮本常一（一九〇七－一九八一）は、私たちにこのような言葉を残してくれた。

観光資源というものはいたるところに眠っておるものです。それを観光対象にするしかたに問題があるのだ。（「九州の観光資源とその将来」初出：一九六八年。『宮本常一著作集18』未來社、一九七五年、二八頁）

旅を深掘りすることは、読書を深掘りすることに似ている。その点においても、旅と読書は通底する。より良き旅とより良き読書の共通する要諦は、いかにしてその行間を読むかという点にあるのではないだろうか。松本も宮本も確かに行間を読むことを勧めている。行間を読むことが、空想の翼すなわち想像力を高め、自己のなかの創造性を涵養するだろう。その力が、「山野を往く」ときに、それまでは観えなかった地域と社会と時代の「光」も「影」も、自己の眼のなかに捉えさせるはずだ。

とりわけ松本や宮本は、普通に生きる普通の人々の喜びや悲哀に心底からの共感の念を抱いていたに違いない。私たちは、とあるまちを訪れてそこに住まう人々と接するときもそのことを忘れてはならない。そう、観光において読み取らなければならない人と人との行間がそこにもあるのである。何よりも、観光とは文化が基本であり、それを通してさらに形成され重みを増す文化（観光文化）の所在を忘却してはならないのである。結果としての経済効果を否定するわけではないが、「まずは経済効果ありき」と考える観光においては、どうしても深みを欠くことになりかねず、費用対効果の明確な可視化を求めることが過度になることで、何よりも広義の学びでなければならないはずの観光における「ヒト・モノ・コト」の行間を読むことの愉しみをも奪ってしまうということを肝に銘じたい。

文化も、そしてそれに基づいた観光も、商品化されることの運命は確かに避けられないことかもしれない。しかし、文化が商品となる前に、文化そのものの価値が問われなければならないのと同様、観光もそれが商品となる前に、観光そのものの価値が問われなければならないと私は考えている。

この章の最後に、「旅は人生に似ている」や「読書は旅をすることと似ている」などとカッコ良い言葉をいうつもりはない。しかし一瞬ではあっても、旅のひと時あるいは、読書を通して感銘を受けた本のたとえ一行であっても、心に豊かさを付加し人生の指針を変えることは、十分にあり得るということは強調しておきたい。

第一章

「深掘り観光」序説

1　序説についての前口上

改めて問うべき、「観光」とは何かと

「序章」で少し触れたことではあるが、新型コロナウィルスの存在が明確となって以降、その感染の筆舌に尽くしがたい広がりは、全世界を揺るがすこととなった。しかしその前夜までは、こと「観光」についていうならば、とりわけ「インバウンド」の過剰なまでの供給による「観光公害」や「オーバーツーリズム」といった文言が巷間をかしましいほどに揺るがしていた。わが国においては、京都を筆頭に多くのいわゆる観光地や東京、名古屋、大阪、福岡（博多）などの大都市では、住民と来訪者あるいは、市民と自治体、自治体と観光産業、人々の暮らしを守ることを重視する市民団体と観光客への「おもてなし」を使命とする民間団体等々……、様々な「両者間」での、対立とまではいかなかったとしても、思いの違いという多様な葛藤があったように思われる。

しかしコロナ禍のなかでの特別措置法に基づく緊急事態宣言の発令以降（二〇二〇年四月七日）は、当然のことではあるが、私の職場がある京都でも、オーバーツーリズムは完全に終息した。市民や通勤客と観光客が絶えず交錯していたはずの京都駅構内でも四条通り界隈でも、少なく

とも観光客の足並みは途絶えた。外国人観光客は皆無となったといっても過言ではなかった。だがそのおよそ二か月後の六月十九日に、時の総理安倍晋三は、首相官邸にて記者会見を開いたうえで「移動自粛の全面解除」を表明することになる。緊急事態宣言発令以前ほどではないにしても、観光公害に病んだ都市や地域には当然のようにして、そして急速に観光客や来訪者が戻りつつある観を、わずか半月ほどでもたらしてしまうことになった。

現金なまでの観光客の変貌ぶりは、コロナ禍の存否にかかわらず、時として過度なまでの気まぐれとともに、とりわけわが国の観光史のなかで、再三繰り返される現象として存在していたような気がしてならない。「観光とは何か?」という基本中の基本ともいえる問を、今改めて私たちは、コロナ禍の世相を奇貨としながら自問自答しなければならない。

これはあくまでも私見に過ぎないが、このような世相の中「深掘り観光」について考えるうえで、自問自答するかのごとく下記の五点を提示してみたい。

ⓐ「観光」はレジャー、物見遊山（少し古い表現だが）とは一線を画してみたい。
ⓑ「観光学」を学ぶことと「観光業学」を実践することの現実は乖離している。
ⓒ「観光産業」と「産業観光」、「観光都市」と「都市観光」、「観光文化」と「文化観光」

等々、一見同義と思われがちなこれら「観光」をめぐる言葉同士にも一定の差異があるということを忘れてしまってよいのだろうか。

ⓓ「観光」をめぐる日常性と非日常性、あるいはまず常在観光であるということの必要性の忘却を偽装するかのような行為は、地域観光の永続性に耐えうるのか。

ⓔ先入観は、「観光」を誤った方向に導くのでは。例えば、「コンテンツ・ツーリズム」という文言。

これらについての、私自身の一定の思いはこれらの問いかけの解答として、本章末尾で詳述する。ここで、いきなり解答を記さないのは不親切に聞こえるかもしれないが、本章末尾にいたるまでの拙文を読者の方々にお読みいただきながら、種々考えていただき自らの解答を見出していただきたいという思いがあるからだ。

経済と文化の葛藤（ディレンマ）

私は本書「はじめに」のなかで、大学教員として教壇に立って、学生たちに講義を行なうなかで、「忸怩たる思い、ディレンマがひとつあった」という表現を採った。これは、こと観光に特化したディレンマではなかったが、担当する講義内容から考えると、それは不可避なものであった。私たちには、高度経済成長の夢を謳歌した経験があるせいか、中庸を知ること、あるいはオルタナティブな選択肢を忘れて、二者択一という強迫観念にも似た世界を求め続けてきたのかもしれない。なお、オルタナティブという概念については、観光の場面でも「オルタナティブ・ツーリズム」という用語とともにしばしば使用されてきた。日本語の一言で訳すのは難しい。「もう一つの（選択肢）」という意味合いで使用もされたが、どうもしっくりとこない。岩波書店の『広辞苑』（第六版）で引く日本語は、そうしたなかで、まだわかりやすい。すなわち「既存の支配的なものに対する、もう一つのもの。特に、産業社会に対向する人間と自然との共生型の社会を目ざす生活様式・思想・運動など」と記されている。私なりにそれを補足すると、既成概念に生じた矛盾に対して、その既成概念のすべてを否定してしまうのではなく、肯定すべき点は活かしながら、より良き段階と状況に向けて改善していく意思と行動をオルタナティブなものとして理解したい。

観光とは経済政策だろうか？

「観光とは、経済政策だ」といって憚らない元観光庁長官の文言は、ある意味でオルタナティブを拒否するもの、誤解を恐れずに極論すれば、観光という行為をステレオタイプに貶めるものとして象徴的だ。

あるいは、二〇〇三年（平成十五年）の小泉純一郎総理による「観光立国宣言」は、歴代総理として初めての観光推進政策の宣言として高く評価しなければならないが、結果として「訪日観光客数を、一千万人にまで伸ばしたい」という当時の趣旨が（この頃、推定によれば四六〇万人ぐらいであった）、おそらく独り歩きするかのように、基礎自治体のいたるところ、隅々にまで響き渡る忖度政策を生んだ。誤解を恐れずに象徴的にいうならば、「小さなまちの生活文化か、グローバルな経済を小さなまちにも巻き込むか（小さなまちにも、マックとスタバ？）」の二者択一だったのではないだろうか。

文化や観光が、「計量化してそれで良し」という捉え方のみに特化していいのかということ。それこそが私が岡崎市在住時より感じてきた「忸怩たる思い」のひとつであった。「はじめに」で記したが、旧東海道岡崎宿と交差する、古くからの商店街が路面電車の撤去とともに、日を追って衰退化し、その梃入れのため進出してきた名古屋に拠点を置くデパート（松坂屋と名鉄）の支店や、津市（三重県）発祥のスーパーであるジャスコ。そしてさらなる現代化（文明化）の波は、ＪＲ岡崎駅と名鉄東岡崎駅のほぼ中間地点という郊外領域に押し寄せる。特にそのランドマークのように屹立したのが、ジャスコからイオンモールに名を変えシネコンを併設した大型ショッピングセンターであった。このゾーンには、間もなく西武百貨店も並立し、西三河の人々にとって、こうした外部資本による外発的な経済力が、身近で格好の観光地を新たにつくることになった。当然のことのようにして、康生通り周辺のデパートやジャスコへの客足は、郊外に向かうことになった。

文化の内発性と観光

「深掘り観光」の要点のひとつは、地域文化の内発性についての確認にある。

内発性という視座については、ナカニシヤ出版での前著『反・観光学』のなかで、夏目漱石や鶴見和子の思想を援用しながら考えたので、詳細は繰り返さない。ただ岡崎の事例からわかることは、二重の外発性がこのまちのもとの内発的な暮らしの文化に「疎外」を与えてしまったのではないか、ということである。

併せて「身近で格好の観光地」という文言について補足しておきたい。この項の表題にある「内発性と観光」は、「深掘り観光」の要点のひとつともいえる。内発性についての確認ということでいえば、**「観光の始原は、わがまちの固有の価値と文化資源を発見することにあるのだ」**という言葉で換言してみたい。まさに、作家の吉行淳之介が残したエッセー『街角の煙草屋までの旅』（講談社文芸文庫）という表題は、言い得て妙だ。さらにいえば、かつてあって今は失してしまった「文化資源」もあるだろう。その痕跡を確認することも、旅のひとつである。地名から紐解く行為は、まさにそれに当たる。例えば旧城下町の地名から、地域を掘り当てていくことは、深掘り観光の醍醐味だろう。安易に地名を「現代風」に改変することがかつて行なわれたが、それは地域の内発性の存在理由を安易に放擲することに他ならない。

集客のために、時として気まぐれに走る一部の観光客に迎合するようにして「現代風」の地名にする、などということがもしも行なわれたとすればそれはまさに「浅掘り観光」といわざるを得ない。

行間を読む、ということ

言葉を換えてみよう。深掘り観光とは、まちの行間を読むことでもある。それは、読書という行為にも似ているのではないだろうか。

序章で引用した柳田の『青年と学問』からの一節を今一度味読して欲しい。「良い読書は良い旅行と同じ」と柳田はいう。それは、いかに打算を捨てて行間を読むことができるかということにつながるのではないだろうか。もちろん「良い読書」を行なうためには、「良い書」を見つけなければならない。それでは良い書とは何か、と問われると難しい相談かもしれないが、まさに「すぐに役立つけれど、すぐに役立たなくなる書」ではないということだけは確かだろう。そのことも、旅と観光に似ている。

与えられたもの、提示されたものを表層的にしか読み解かないという行為は、読書にとっても観光にとっても、その意義は半減する。これもまた柳田がいうように、「自分だけがこれによって、よりよき人となる」のではなく、社会全体の「集合生活にも、何か新たなるものまた幸福なるもの」をもたらすことのできる、心の鍛錬にも似た行為でなければならないということである。敢えて一言で換言すれば、「知識のみでなく、知恵をも充実させる」行為でなければならないということだ。知識のみの充実であれば、経済（政策）のみでも十分に可能かもしれないが、それを知恵に高めていくためにこそ文化（政策）が必要なのである。

知識を増やすだけではなく、知恵を高めるということ。良い読書と良い旅との類似性は、ここにおいても見出し得るのである。

2　さらに「深掘り観光」について問う前に

お洒落な言葉は、人を魅了して幻惑する

これもまた、誤解を恐れずにいう。先進諸国のなかで、日本ほど「多言語空間」が交錯する国はないのではないだろうか。まちなかの看板や広告の文字を観てもそのことは一目瞭然である。またすでに序章で記したように、コロナ禍のなかでオーバーシュート……等々のカタカナ語が、とりわけ行政サイドから多用された。国民・住民に対しては、老若男女を問わず、誰にでも聞いたらすぐに理解できる言葉で伝えなければならない。そしてその義務が、政府にも自治体にもその担当者にはあるに違いない。

小説家で劇作家、そして洒脱なエッセイストでもあった井上ひさしは、随所で「むずかしいことをやさしく、やさしいことをふかく、ふかいことをゆかいに、ゆかいなことをまじめに」書くことの大切さを、自らの座右の銘として訴えていた（笹沢信『ひさし伝』新潮社、二〇一二年、なども参照されたい）。カッコいいように見えるカタカナ語の多用は時として、表層的になってしまい、意味が限定的に捉えられがち、「深いこと」が「不快」に感じられてしまいがちだ。

老若男女のなかでも、特に高齢者の方々にそのような印象を与えてしまうのではないだろうか。とりわけ、学者や知識人ではない普通に生きる普通の高齢者の方々には。そしてそういう普通の人々のほうが、はるかに多く、そして彼らこそが実は地域社会を担い支えているのだ。かつて、柳田國男が家永三郎と交わした対談を思い出したいものだ（※）。

観光に関連していうと、「Ｇｏ　Ｔｏ　キャンペーン」が巷間を賑わし、これが国の対策の不具合や、一部の業者と利用者のモラル欠如の問題によって、想像通り迷走し混迷をきたしている今（すなわちこの原稿を執筆しているさなかであるが）、例えば「マイクロ・ツーリズム」を流行らせようとする業界近辺の動きがある。わざわざ遠くへ赴くことなく、近場を見直し、そこを観光しようという考え方である。誰の周辺で使い始められた言葉かは、敢えていわないでおこう。流行り言葉になるかもしれないこの語、聞いただけですぐに理解できる人はどれくらいいるのだろうか。おそらく数年で死語になるに違いない、まさに業界の限界言葉のひとつだ（「限界言葉」とは私の造語ではあるが）。

こうした言葉は、人を幻惑し、深みにはめるのとは真逆で、表層に漂わせてしまうだけだ。

（※）一九四九年（昭和二十四）六月に、柳田國男と家永三郎との間で交わされた「日本歴史閑談」と銘打った対談は、興味が尽きない。特に「民間人の思想」が話題となったとき、村に半分のインテリがいれば、村を動かすのは彼らだが、「坊主、神主を除けばインテリでないような村」ならば「無識なものの判断」で村は動く、と柳田がいうのに対して、家永はそれをあり得ないと否定している（宮田登編『柳田國男対談集』

ちくま学芸文庫、一九九二年、一八九頁参照)。

観光の原点とは

深掘り観光とは、観光の原点に立ち返るところから始まる。その視点で考えたときに、「マイクロ・ツーリズム」という発想そのものは、まったく間違っているわけではないかもしれない。まさに、目的や手段、そして結果としての答えや解釈は必ずしもひとつではないから。「近場で観光する」という行為自体は、間違ったものでも悪いものでもない。吉行淳之介のエッセーの表題はすでに紹介した。実は吉行のこの発想には、ヘンリー・ミラーのエッセーがタネ本となっている。その是非は敢えて問わないが、吉行もミラーも、その手近な旅において、打算も業界の利益もなく、近場であっても純粋に旅であることを楽しむことの醍醐味を説こうとしている。

観光が経済効果を地域にもたらすであろうことは、もちろん大切なことである。ただ、観光を「手段」として経済効果を目論もうとする発想が「マイクロ・ツーリズム」という、実は軽薄な言葉のなかにある。観光は地域にとって文化という目的とともに一体となって、「結果」として経済効果をもたらせること、それが大切なのではないだろうか。

近場観光など見向きもせずに、海外旅行や遠隔地に赴かせることを躍起となっていた人たちが、コロナ禍苦境のなかで利益の狩場として「近く」を唱え始めたとしたらあまりにも悲しい。「マイクロ・ツーリズム」という文言には、それが見え隠れしているような気がしてならない。

また手前味噌ではあるが、私が講義のなかで学生たちに、「観光とは何か?」と問うとすればということで、「観光の原点は、わがまちを観光することから始まる」というこの一言に尽きると言い続けて、三十年近く経ってしまったということを付記しておきたい。

しかし、後世に残る秀逸な思想を形成した人たちは、そのヒントとなる文言をすでに三千年以上も前からのものを含め、いくつか残してくれている。その行間も含め、どう解釈するかにもよるが、それは「深掘り観光」について問ううえで、現代に生きる私たちに与えられた課題ではある。

3 「深掘り観光」の要諦、それは五つの文言あるいは三つの「心」

観国之光、努力発国光、近説遠来、犬馬難鬼魅易、巧詐不如拙誠

史心、誌心、詩心

それは、上記した言葉たちに尽きる。カタカナ語ではないが、なぜか難しそう!という声も聞こえるかもしれないが、順を追って考えてみたい。

（1）まずは、中国の古典や故事成語から！

文化も観光も、それをより良きものとして整えていくためにはこれらの語を精査し、銘記することに尽きると私は考えている。実は、これまでの拙著の中で、まさに二十数年にわたって記し続けてきたことも少なくない。ゆえに、自己のなかでは「賞味期限切れ」という感もあるが、現実の世間では、賞味期限どころか食卓にすら着いていない人も少なくないのではないかと思えて仕方がないのが、観光に対しての臨み方だ。

①観国之光

この四文字は、「観光」という日本語の語源を語るうえで、あまりに著名で大切な言葉である。先に紹介したことではあるが、江戸幕藩体制期の第十三代将軍であった徳川家定は、当時親交のあったオランダ国王ウィルヘルムⅢ世から二艘の軍艦を受領する。家定は儒者に命じて和船名を付けさせた。

一隻は「咸臨丸」、もう一隻が「観光丸」と命名された。中国の古典『易経』の一節であった「観国之光」、すなわち「国の光を観る」とは、単純にいえば国威発揚を意図した言葉であるが、これを深読みと意訳によって考えると、「観光」の本義が浮かび上がる。

「国（地域）の、光（文化資源）を観つめ、示して行こう！　そして、それらをさらに多くの人に観てもらい、学んでもらい、迎える側と来訪者が知的な交流ができればよいのではないか」ということだ。ここで大切なことは、地域の文化資源を最初に認識し、その価値を示すのは、他ならぬその地域に住まう人たちである、ということだ。

私自身、今まで随所で述べてきたことであるが、観光の原点は、自らが自ら住まうまちを「観光する」ということに始まる。「灯台下暗し」であっては、地域観光は充実したものとはならない。自らの日常の暮らしとその思想を大切にしないまちに、観光の充実はあり得ない。一言でいうと、広義の「学び」の要素を欠いては、「観光」の本義にいたることはできないということである。

②努力発国光

実は『易経』には、このような一節も登場する。直前で、「光（文化資源）」と記した。そもそも「文化資源」とは、ハードウエア（モノ）、ソフトウエア（コト）、ヒューマンウエア（ヒト）によって構成され、それらが互いに融合することによって、有益な化学反応が起きることが望ましい。

ただ、この五文字がいう「光」とは、とりわけ「ヒト」という人財を表現しているのだ。「頑張って努力して、有能な、とりわけ若き人財を地域の中で発見（発掘）して、育てていこう（発育、という言葉も連想してほしい）。地域の将来を担い支える人財を！」ということである。ここでは、人財を内発的な視点から育てていくことの大切さを想いたい。

ひところわが国の「地域づくり」の文脈で、「まちづくりは、人づくり」「観光地づくりは、人づくり」といわれたことがある。中国の古典は、それよりも数千年前からこうしたことを訴えていたのだから、興味深いといわざるを得ない。

前口上のなかで記した内発性という視点、とりわけ文化の内発性と観光は、まさに地域のなかで育った人たちを貴重な人財として認識し、育てることにある。「百年かけて育てた木で、百年使える家具をつくる」という、飛騨清見の木工集団・オークヴィレッジの主宰者である稲本正の使命感ともいえる言葉にも通じて興味深い（例えば、稲本『緑の国――オークヴィレッジ』世界文化社、一九八九年）。

また、安易に中央のコンサルティング業者に高額を払って知識を借り、地域内の人々の不興を買うということが、かつて高度成長期やバブル経済の時代になかっただろうか。その負の成果（遺産）が、地方都市の画一化であったとしたら悲しい。

橋本武の言葉を、ここでも今一度想起したい。「すぐに役立つことは、すぐに役立たなくなる。」

③近説遠来

孔子の言行録である『論語』、これについて私たちは学校教育の中で、何らかの形で触れているはずである。その中でも、著名な一節が「近くのもの説《よろこ》びて、遠くのもの来たれり」である。この言葉は、過度なまでのインバウンド政策にも重く響く。コロナ禍以前の、爆買い・オーバーツーリズム・観光公害化現象を思い出してほしい。

観光とは、「遠くのもの説びて、近くのもの悲しめり」となる限り地域社会は、砂上の楼閣と化してしまうことを忘れてはならない。「住んでよいまちが、訪れてよいまち」であって、「訪れてよいまちが、住んでよいまち」とは、決してあるいは必ずしもいえないということを、孔子の言葉とともに銘記したい。「マイクロ・ツーリズム」などという業界用語に近い言葉に幻惑されることなく、三千年近く前の古典の一節を、「古くて新しい言葉」として認識したい。

あるいはかつて金沢市長を務めた山出保の「金沢を観光都市として呼んで欲しくない、学術文化都市と呼んで欲しい」という言葉を、私たちは忘れたくないものだ（これについては、ナカニシヤ出版からの拙著『反・観光学』一四―一五頁なども参照されたい）。

四百年来、加賀・前田家が進めた文化政策としての「学術文化」を、一義的にはいえないとしても、大切にして愛してきた人々が、まちそのものをも愛し、大切にし続けてきたからこそ、多くの地域から多くの人々が訪れる、今の「金沢」があるということを忘れないためにも。

④犬馬難鬼魅易

また中国の故事成語である。これはあたかも中国古語が予見したかのような、現代日本の

「ゆるキャラ観光批判」ともいえなくはないが、それはあくまでも一例であって、暮らしのなかの生活文化や生活の思想の大切さを訴えているものと解釈したい。それはまさに百年先も続く地域の観光を考えるためにも、看過してはいけない言葉である。

「犬や馬といった日常のありふれた普通のものを長く大切にしていくことは、意外と難しく、鬼や魑魅魍魎といった奇天烈で架空ともいえる非日常性を活用して耳目を引くことは、実は易しいことだ」と解釈しておこう。

「観光とは、非日常を体験することに醍醐味がある」とは、よく聞く謂《い》いである。しかし、大切なことは、地域に住まう人々にとって永年大切にされてきた日常の光景や暮らしこそが、来訪者にとっては途方もなく引き付けられる非日常であることを思うべきだ。

ラフカディオ・ハーン（小泉八雲）は、初めて松江に赴任した日の翌早朝に、松江大橋を行き交う人々の下駄の音に感銘を受け、生涯その記憶は好ましく残ったという（『新版　日本の面影』角川ソフィア文庫、二〇〇〇年）。

私自身の初めての松江体験は、早朝その大橋から何艘もの蜆《しじみ》をとる漁師たちの小舟が行き交う様が忘れられない光景として残ることになった。

⑤巧詐不如拙誠

この故事成語も、④と通じるところがある。「巧みに、そして作為的になされた詐称的行為というものは一見綺麗で立派に見えても、拙いけれど誠意に基づいた行為には決して勝つことはできない」ということになろうか。政治や経済に関わる部分で、これは心に刺さる言葉ではあるが、観光と文化の局面においても、それは例外ではないだろう。

誤解を恐れずにいうならば、常軌を逸して地域の歴史や文化についての顧慮をまったくなし作為された大型のテーマパークやレジャー施設と、細やかな文化的景観を守り続けてきた光景（例えば、近江八幡の水郷（①）、高島市針江地区の川端文化……ともに滋賀県）とを比したとき、どちらが次世紀にまでも引き継がれる（べき）「観光」なのかということを考えたいものである。

①近江の八幡堀

(2) 柳田國男の願いは届いているか？

当世の史学に対する一つの態度、私たちがかりに名づけて史心というものだけは、いかなる専門に進む者にも備わっていなければならぬことは、ちょうど今日問題になっている数学や生物学も同じことだと思う。……一言でいうならば、これによって我々は今までよりももっと賢くならなければならぬのである。（柳田國男『日本の祭』角川ソフィア文庫、二〇一三年、一〇－一一頁、傍線は井口）

この引用文は、柳田が一九三一年（昭和十六）東京帝国大学の教養部の学生たちに対して行なった特別講義に基づいて文章化され、翌年に上梓されたものである。

いかなる専門に進む者にも「史心」を忘れてはならないという柳田の言葉は重い。この重い思いは、九十年後の今私たちに届いているのだろうか。人文科学と社会科学がクロスオーバーする部分でその大きな架橋とならなければならない「史心」。さらにそこに、自然科学も折り重なってくる「観光」を学ぶとき、経済効果に偏重した「観光」であればあるほど「史心」は軽視されていくに違いない。何しろ直近の今が重視され、直近の将来さえよければよいだろうとする、費用対効果重視の「観光」は、歴史を軽視しその結果として地域の遠い将来を損ねてしまうに違いない。

柳田のいう「史心」にヒントを得て、私はさらに決して駄洒落ではなく、「誌心」と「詩心」を提示して久しくなるが（それについては、『反・観光学』や『くらしのなかの文化・芸術・観光』などの諸拙著を参照いただきたい）、昨今の観光政策の現状の少なからずの部分を鑑みるにつけ、柳田の「史心」という思いが届いていないのではないかと痛感し、ここでもう一度「しごころ」の大切さを考えてみたい。それは、前掲の『青年と学問』にみる良い読書と良い旅との類似性にも関わる問題でもあり、彼のその思いと願いもまた現代に届いているとは言い難いだろう。

そして同じく柳田の言葉をもうひとつ、屋上屋を重ねて引用しておこう。この書の初出は一九一〇年（明治四十三）のことである。一一〇年以上たった今、改めて現代のまちづくりや観光の在り方について再考するのも一興なのではないだろうか。

現在日本の経済事情は決して一朝に発現したものではないこと、従って一朝にこれを更改し得るものでもないことと、我が国のごとく交通の緻密な人口の充実した猫が屋根伝いに旅行し得るような国でも地方到る処にそれぞれの特殊なる経済上の条件があって流行や模倣では田舎の行政はできぬこと、それだから結局は訓諭よりも当事者の自覚的研究を慫慂する方が大事である……（柳田國男『時代ト農政』、『柳田國男全集29』所収、ちくま学芸文庫、一九九一年、一〇‐一一頁）

(3) 三つの「しごころ」――史心、誌心、詩心

唐突であるが、わが国の歌謡史にその名を残すことになるであろうシンガーソングライターの中島みゆきの楽曲のひとつ『糸』は、今やスタンダードナンバーとなったといってよく、多くの人たちによって支持され、歌い継がれている。

例えば、紡がれた一葉の「織りなす布」をひとつの地域やまちとそこに生きてきた、あるいは生きている、そして将来生まれ生きていくであろう人々と考えたときに、それはまさに三つの「しごころ」を隠喩しているのではないだろうか。「縦の糸」という**史心**（通史、通時性）

と「横の糸」という**誌心**（同時代、共時性）とが交差し紡ぎ出すそれは、喜怒哀楽を孕む一個の人生すら象徴しているようでもある。「いつか誰かを暖め、誰かの傷をかばうかも知れない」**詩心**とともに。観光とは、この三つが鼎立してこそ立ち行くものと考える。

①史心

地域社会の歴史について考えたときに、過ぎ行く時間のなかで流れ行き、変容を余儀なくされる社会事象や文化現象があるだろう。一方で、時代の変化や風雪に耐え、変わることなく現われる事象もあると考えてみよう。

私は、松尾芭蕉のいう「不易流行」を併せ連想してしまうが、こうしたことを慮《おもんぱか》ることのできる心根を「史心」と柳田は呼んだのではないだろうか。もちろんさらに柳田は、例えば『民間伝承論』（初出：一九三三年〔昭和九〕）の基底にある考え方、すなわち日々の生活の事実は、現前の過去を物語っていると捉えていた。弁証法的といえなくもないが、このことを認識するのもまた「史心」のひとつである。そして歴史の流れを一本の棒に喩えたときに、縦に伸ばしたものだけがそれではなく、横たわるようにして伸びたものもまた同時に包含されているという捉え方にも通じるのである。

通史、通時性の中で変化・変容（流行）していくものと、そんな中にあっても不変（不易）なものを見極めることができる心といってもよい。現在という時空のなかで観光について考えるとき、この「史心」を放擲してしまってはならないのである。
木を竹で接ぐような地域観光のつくられ方は、「史心」の欠如であるというほかない。

②誌心

この語は、おそらくまったくの私の造語だろう。例えば、「雑誌」を連想してほしい。もちろん雑誌といっても多種多様であるが、基本的には同時代の同時期において生起する政治・経済・社会・文化等々が、さらには芸能やサブカルチャーにいたるまで、坩堝《るつぼ》のように一冊の中に凝縮されている。そしてそれらは、まさに仏教思想でいう「縁起」のようにどこかでつながり、関連・関与していることも多分にあるだろう。もちろん、一時の現象や流行で終わる事象もあるだろうが、ある時代において重なり合いながら起こった現象は、確かに存在したものであり、通史のなかでの一頁を記しているに違いない。とりわけ、観光の歴史のなかでそのことを確認することは、将来の観光を考えるうえでも決して、徒労にはならないだろう。私自身、雑誌『旅』の創刊号（日本旅行文化協会、一九二四年・大正十三年四月号）を古書店で見つけて購入したとき、あるいはその時同時に購入した一九五七年（昭和三十二）二月号（日本交通公社）を読んだとき、その念を強く抱いたことを否定しない。ちなみにこの二月号で、わが国の旅情ミステリー小説の嚆矢ともいえる松本清張の『点と線』が連載第一回目を刻んでいる。

さらに付記したい。一九七〇年前後の高度経済成長の末期より、その矛盾に対峙するかのようにして町並み保存の運動がいくつかのまちで生起する（小樽、馬籠、妻籠、足助、有松、近江八幡、倉敷、内子、柳川……等）。運動においては「リーダー」と呼ばれる人たちが生まれ、運動を活動へと転じさせていった。これらのまちは、当初互いに相談しながら立ち上がったわけでは決してない。刺激を受けたということはあるかもしれないがまさに、同時に多発的に起こった時代の風の流れである。「共時性」を伴った現象ともいえるだろうし、その意味ある同時代の偶然性への認識ができること、これもひとつの「誌心」といってよい。

③詩心

民俗学者の谷川健一は、柳田の文体を「共同体の詩」と称している（谷川健一「文人の文体」『柳田國男全集2』（月報1）所収、筑摩書店、一九九七年、一頁）。

私が「詩心」と表現したのは、柳田のような秀逸な文人、詩人を目指せという意味では決してない。しかし「共同体の詩」を解することは、誰にでも可能なはずである。

他者の喜怒哀楽に共感し、それは決して哀れみや同情心からではなく、むしろそれを排したうえで、より良い他者と自己との関係性を実現していくことのできる心根であると「詩心」を解したい。その彼岸には、柳田が『青年と学問』（前掲）のなかでいう、より良き読書とより良き旅との関係性、そしてそれを通しての、自己のためのみではなく、より良き社会の実現にいたることができるのではないだろうか。まさにそれは、「オーバーツーリズム」の対極にある岸辺といってもよいだろう。

（4）前口上の自問自答をまとめる――そして、「協育」としての観光

本章1の前口上の末尾で記した自問自答を思い出していただきたい。もう一度記すと下記の通りとなるが、これらについて、前口上で予告したように、牽強付会ともいえる私見に基づく解答で本章を閉じたい（序章と本章の復習・まとめともいえる部分なので、ⓐ～ⓔを再記し、あるいは繰り返し記す部分があることをご容赦いただきたい）。


ⓐ「観光」はレジャー、物見遊山（少し古い表現だが）とは一線を画してみたい。

ⓑ「観光学」を学ぶことと「観光業学」を実践することの現実は乖離している。

ⓒ「観光産業」と「産業観光」、「観光都市」と「都市観光」、「観光文化」と「文化観光」等々、一見同義と思われがちなこれら「観光」をめぐる言葉同士にも一定の差異があるということを忘れてしまってよいのだろうか。

ⓓ「観光」をめぐる日常性と非日常性、あるいはまず常在観光であるということとの必要性の忘却を偽装するかのような行為は、地域観光の永続性に耐えうるのか。

ⓔ先入観は、「観光」を誤った方向に導くのでは。例えば、「コンテンツ・ツーリズム」という文言。

ⓐ「観光」とはレジャー、物見遊山か？

『青年と学問』にみる柳田の「良き旅行」観は、すでに何度も紹介した通りである。またレジャーや物見遊山は、しばしば「観光」と同義と捉えられることもある。そしてレジャーや物見遊山による時間の過ごし方も決して否定はされるものではない。ただそれらが、単に時間と金銭の消費だけに終わらないためにも、柳田のいう「愚かな旅行、つまらぬ旅行」に終わらないためにも、「観光」という言葉の本義のひとつとしての「学び」の要素を忘れないでいたい。そして何よりも、「観光」とはそれに関わる人たちがそれを通して互いに学び合うことができる、すなわち誰もが教師であり、また生徒でもある「協育」の場でなければならないのではないか。

「協育」としての観光、これを強く強調したいと思う。

ⓑ「観光学」と「観光業学」の相違

これも読書に喩えてみよう。前者が百年読み継がれてきた本を味読することだとすれば、後者は数年でブームや役割りを終えて、書店の書架からは消えるハウツー本である、というのは言い過ぎだろうか。

②ノリタケの森

ⓒ「観光産業」と「産業観光」――類似した言葉の差異を考える

ほぼ同義と考えられがちな三組の語句を提示してみたが、その差異を考えることは「観光」のあり方を考えるうえで、ⓑのケースと同様忘れてはいけないのではないだろうか。

・「観光産業」と「産業観光」

前者は、いうまでもなく「観光」を産業として捉え、その費用対効果や経済効果のより良き方向性を求めることを旨としている。後者は、二〇〇五年（平成十七）に開催された愛知万博の前後より、愛知県を中心として東海地方で財官民をあげて主張され注目された言葉である。ものづくりを基軸にして、わが国の高度経済成長を支えてきたこの地方は、相対的にイメージや雰囲気としての「観光」や「文化」が希薄であった。それを払拭したいという思いの中で、強調されたものと私自身それを実感として感じていた。この時期に歩調を合わせるかのようにして、トヨタグループによる「産業技術記念館」とノリタケグループによる「ノリタケの森」が誕生した（②）。JR、名鉄、近鉄、地下鉄が集積する名古屋駅近くに立地する二つの施設は、愛知・東海の産業観光のランドマークとなった。

観光産業とは何ら関係のないように思われていたものづくり産業の分野においても、はるか以前から行なわれていた「工場見学」という産業観光のひとつの形態にも改めて光が当たることになった。こちらが、現在進行形の産業観光であるとすれば、「産業技術記念館」と「ノリタケの森」は、ともに現存していたかつての「第一号工場」とその跡地を保存修景（動態保存）したものであり、「近代産業遺産」を活用してモノづくりの歴史とその担い手たちの喜怒哀楽を想起しながらを学び、そして現代の新たなモノづくりについても楽しみながら学び、将来につなげていく可能性を訴えたものである。

・「観光都市」と「都市観光」

「観光都市」という概念に明確な規定があるわけではない。入込観光客数の多さが、イメージとともに語られることが多いのが「観光都市」である。

山出保が金沢市長在職中に「金沢を観光都市とは呼んでほしくない、学術文化都市と呼んでほしい」と述べていたことはすでに記した通りであるが、今も私の記憶に強く残っている。ただ、多くの人々は金沢を「観光都市」と呼ぶ。

一方で、例えば名古屋市。ここを「観光都市」と呼ぶ人は残念ながら多くはないだろう。しかし私たちが忘れてはならないことは、名古屋は「都市観光」の豊饒な諸相を有したまちであるということだ。もちろん「都市観光」の豊かさとイメージとしての「観光都市」の色濃い印象を併せ持つまちのひとつとして、金沢を例示することはできる。しかし、「観光都市」という印象が薄くても、名古屋のように確固として「都市観光」が存在するまちがあることも忘れてはならないのである。「観光都市」が来訪者の多さと多様さをイメージさせるとしたときに、「都市観光」の前提は、そのまちに住まう人々が、わがまちの歴史に誇りを持ち生き生きと暮らし、わがまちの文化を愉しみ、時間と空間を満喫することができる場所、それを「都市観光」と呼びたい。

・「観光文化」と「文化観光」

「文化観光」とは、地域の文化資源を活かした観光の在り方といってよいだろう。それに対して「観光文化」とは、観光の振興を通して地域がその姿を生き生きとしたものとし、地域文化の継承のための活力となり、さらには新たなる地域文化を創造していくこと、それを「観光文化」と呼びたい。それは、地域の観光が地域力を総合的に育み、地域文化のさらなる継承と新たな創造へと高まっていくことである。

私が出会った愛知県足助町（現在は豊田市）での言葉を想起したい。私はかつてこれを、「足助のまちづくり観光をめぐる三つの命題」と名付けた（井口『まちづくり・観光と地域文化の創造』学文社、二〇〇五年、他）。

・保存することも開発である。
・観光とは地域文化の創造である。
・福祉とは観光である。

ⓓ日常性と非日常性

この問題についても少し触れた。「観光とは、非日常性の体験に醍醐味がある」とは、よく聞く謂いである。しかし、とりわけ地域観光という視点でこれを考えたときに大切なことは、あくまでも来訪者にとっての非日常的体験が大切なのであって、住まう人々にとって最も大切なことは、日常性の構造を時間と空間のなかで大切にすることではないだろうか。訪れるまちの何気ないような日常性こそが、来訪者にとっては秀逸な非日常性として感銘を与える。

私自身の経験でいうことになるが四十年以上も前に初めて訪れた金沢のまちの、軽薄な観光に屈しないような佇まい、あるいは三十年近く前に初めて訪ねた郡上八幡（郡上郡八幡町、現‥郡上市）の町並みとそれを守る人たちの姿と、水と音そして道に彩られた日常性に、旅人として非日常性を強く感じたことは、印象深く今も記憶に刻印されている。

しかし今、一般論としていえることであるが、多くのまちで日常性と非日常性の境界が曖昧模糊なものとなり、わが国の地域観光を阻害してしまっているのではないだろうか。

ⓔ先入観と観光、例えば「コンテンツ・ツーリズム」の再考

こと、観光だけに限った問題ではないが、ある先入観（ステレオタイプ）が多くの人たちの間で支配的になり、一般論化してしまうことを危惧したい。世間一般では、そもそも「観光」という言葉自体が「先入観」に満ちてはいるが、それについてはⓐで一定述べたつもりである。

その「観光」の現場で、しばしば多用されてきた「コンテンツ・ツーリズム」という文言に、不満を感じて久しい。

これも誤解を恐れずにいうならば、少しマニアックなアニメ作品のいくつかの場面が映像等に登場することで、いわゆる聖地巡礼化が生じ、ファン層を成す若い人たちが中心となってその場所やまちに来訪者が集中するという状況が一定続くという現象。これを「コンテンツ・ツーリズム」と称するようになったのではないだろうか。

「コンテンツ」というカタカナ語は、使うに便利で幅広い意を持つが、一方でこのように限定的に使われてしまうという危惧もある。ただ観光という文脈でこの語について考えるときには、柳田の言葉、すなわち「良い読書」を再度念頭に置きたい。

先に私は、「行間を読む」ことの大切さについて記した。「良い読書」も「良い旅」も行間を読むことが大切であるし、そこに醍醐味のひとつもある。

映像や画像を否定するつもりはまったくないが、まずそれありきでは、そこにおいては行間が希薄となりがちであることはどうしても否定できない。

文芸書に限らず、良書には行間に優れた思想があり、そこに空想の羽ばたく余地が生まれる。観光もしかりといってよい。直截的に観光を論じたわけではない書でも、わずか一行と一行の間にも観光に示唆を与える行間が孕まれることもある。以下の文章は、ある高名な評論家の一文である。

鎌倉の駅で電車を待ちながら、うららかな晩秋の陽よりを見ていると、ふと松坂《（ママ）》に行きたくなり、大船で電車を降りると、そのまま大阪行きの列車に乗って了った。……「他所他国之人」は、名古屋に一泊し……脚下に伊勢海が光り、遥かに三河尾張の山々がかすむ所に……

実はこれは、小林秀雄の『本居宣長　上』（新潮文庫、一九九二年、一〇－一一頁、初出：一九七七年）の一節である。小林が、この大作に着手しようとしているときの苦闘を物語っているようにみえるこの記述は、思想家・本居宣長を読者に引き込むために、読者にとっての「空想の旅」をこの作品（コンテンツ）の冒頭において誘う。

あるいは、この文章はどうだろうか。

……芭蕉の奥に入ってこそ「創造」というものがわかってくると思っているのである。情緒という大河を超えなければそこへは行けない。……情緒は広く知、情、意及び感覚の各分野にわたって分布していると見ているのである。……近ごろの教育はだんだんキーをたたくことに似てきているし、社会人の生活もそうであるから。（岡潔「情緒」初出：一九六三年、『紫の火花』所収、朝日文庫、二〇二〇年、一一頁）

数学者・岡潔は、名エッセイストとして知られた人でもあった。この作品は、人の生き方を根底において、「詩心」とともに考えさせてくれる。それは現代の観光や文化の在り方、創造の仕方についても、批判的かつ理性的に考えるヒントにもなり得るといえるだろう。何よりも観光そのものが安易な地域活性化の手段と堕しないため、そして人の生き方が打算で消耗されないためにも、この珠玉の一葉は大きな示唆になるに違いない。

さて、本章の最後は今一度、宮本常一の言葉で閉じたい。「観光対象にするしかたに問題」を引き起こさないためにも、先の岡潔の言葉とともに噛みしめたいと思う。

なおこうして述べてきた「故事成語」や「三つのしごころ」を、座しながらではあるが右手に、そしていくつかの「作品」を左手に携えながら、読者の皆さんとともに、次章以降でまずは「心の旅」をはじめてみたい。

観光資源というものはいたるところに眠っておるものです。それを観光対象にするしかたに問題があるのだ（「九州の観光資源とその将来」初出：一九六八年。『宮本常一著作集18』未來社、一九七五年、二八頁）

第二章

湖北の祈りと湖東の憂愁

——淡海を旅して——

1　名作の復刊
——湖北の祈り

湖北と場所性、あるいは長浜と彦根

湖北とは、本書では琵琶湖を中心においたときの滋賀県（近江あるいは淡海）の北部地域をいう。少し余談とはなるが、遠州（遠江）と浜名湖との関係でいうときは、「北遠・西遠・中遠・東遠・南遠」と称されることが多いようだが、近江の場合は、「湖北・湖東・湖南・湖西」と称するのが通例である。

さてその近江であるが、白洲正子は『近江山河抄』のなかで、「近江は日本の楽屋裏」という（白洲、講談社学芸文庫、一九九四年、九頁）。この一文を読んだとき滋賀県人である私は思わず膝を打ちつつ、近江（淡海）の楽屋裏について考えた。そして、湖北こそがその楽屋裏ではないかと思った（井口『反・観光学』二〇一八年、一五五－一五七頁）。

またこれは雑談めくひとつの逸話として聞いてほしい。今から三十年以上も前の話である。私が親しくしているある年長の知人で、当時彦根市のある高等学校で教頭を務めていた人が（仮にM先生と呼ぶ）、何かの拍子で「長浜のほうが彦根より文化がある」とポツリとおっしゃったことが妙に記憶に残った。もちろんその理由を明確に述べられたわけではなく、ただ

この一言のみであったといってもよい。

そして長浜市が「黒壁スクエア」の開業（一九八九年〔平成一〕）とともに、保存修景型のまちづくりを展開し、多くの観光客を集めはじめた頃ではあったが、彼は直截的にそのことを意識していたわけでは決してなかったに違いないし、学術的な判断でも、もちろんない。

そもそも、ふたつのまちの文化を比較し、単純な優劣などつけることはできない。いや、そもそも文化と文明との間に差異があるとすれば、複数の文化間で優劣をつけることが難しいのが文化であり、それに対して文明は複数の事象の間で、速さや早さ、高さなどを計量化し比較したうえで、優劣をつけることは不可能ではない。

ちなみに、長浜市は湖北の中心都市であり、彦根市は湖東の中心都市である。実は、M先生は湖北の出身で教師となって後に彦根市に居を定めることになった。ゆえにまちが有する「場所性」への思いが強くあったのではないだろうか。

「場所性」とは、「トポス」と称されることが多い概念であるが、文化と観光を考えるうえでとても大切なものである。あるまちにとっての存在理由、存在の根拠といってもよいが、それはそのまちに暮らす人々にとっての思い、思念によって築きあげられる。まちの歴史を矜持とともに慮《おもんぱか》ることのできる「民度」（最近、この言葉を「高さ」という言葉を使って優劣を比較したとある閣僚が批判を浴びたが）が、「場所性」の豊かさにつながる。このような「民度」は、例えば町並み保存の動きなどに大きな影響を与えてきた歴史が、現代の「まちづくり誌」

のなかで確かに存在している。決して優劣をつけるわけではないが「民度」は、まちづくりや観光の「民意」を構成するうえで不可欠だ。こうした「民意」が欠けてしまうと、まちに対する人々の思いや共感の念は欠落し、スクラップ・アンド・ビルドを安易なものとする町並みが生まれてしまう。

宮本常一は、各地を赴くときに「民度」の大切さを訴え続けた。それは、手前味噌で政治家が都合よく安易に使う言葉では決してなかった。政治家におもねり頼ることでまちをなんとかしてもらおうという依存型の町並み保存ではなく、住民が主体的かつ自律性をもって語ることができ行動できること、それが宮本のいう「民度」であった。

着々と現代都市化（文明化）する様相を示す彦根に対して、相対的に古い町並みが色濃く残る長浜の文化、その対比への想いが、M先生の胸中にあったのだろう。

このことは、宮本の次のような一文も考えるヒントになるであろう。

都会は農村の人がつくりつつ、都会と農村は無縁であった。……日本における文化は片道コースで……都会に行った文化が田舎へ向かってはね返ってくることがなかった。「いや、そんなことはない。この頃は東京のいろいろなものが、すぐ入ってくるではないか」皆さん方はそう思われるかもしれない。しかし、それは文化ではなく、文明なんです。文化とはわれわれの生きるいきかたの問題なんです。生きる工夫の問題なんです。みずから

が考えみずからが工夫している生き方というものが文化だと心得てよいかと思います。……形成されたものを借りてきて着ているだけでは、これは文化ではなく、文明なんです。文明の恩恵はこうむっているが、われわれ自体が文化的ではないんです。（『宮本常一講演選集3　都市文化と農村文化』農文協、二〇一四年、三一－三二頁）

まったくの余談にはなるが、一九八〇年（昭和五五）頃、彦根市は現代的な都市計画と駅前の再開発によって、道路拡張と大型ショッピングセンターの登場によってとりわけ湖北と湖東の人々の耳目をひくことになった。六階建てのショッピングセンターは、屋上は遊園地の様相を呈し、一階のメインストリート越しには賑わうマクドナルドとミスタードーナツが「都市」の景観に花を添えていた。二〇二〇年（令和二）の今、マックもミスドも撤退し、さらにショッピングセンターの売り場は、地下一階と地上の二階三階と、数店舗の飲食店（三階と六階）のみとなり、残りの多くは市役所の分室となっている。

一方の長浜は、国鉄（当時）の駅前に近い北国街道は、道幅もほぼ近世・近代以降変わらず狭く、拡張するにしても古い町並みがそれを遮蔽するかのように軒を並べていた。湖北の人々の多くは、湖東の彦根駅前にできたばかりの大型店に赴き、長浜の古くからの商店街も停滞の極みのようにみえた。

ただ、そのころ歴史学者の脇田修は「長浜の町には、今も秀吉に対する思慕の念の気持ちが残っているようである」と指摘している（『秀吉の経済感覚』中公新書、一九九一年、一四〇頁）。

もちろん論証することは難しいかもしれないし、彦根の人たちに井伊家に対する思慕の念がないとはいわない。しかし先人に対する思慕の念の強さは、間違いなく文化を梃子にした地域の「観光力」の強さの一助となるのではないだろうか。

文芸作品の所在

私たちの観光の動機のひとつとして机上で立ち上がるものがあるとすれば、それは古くから文芸作品の存在である。決してステレオタイプな「コンテンツ・ツーリズム」ではなく、『古事記』『日本書紀』や『万葉集』の時代からそうであったに違いない。そして、それは近現代以降でも妥当し得るのではないか。まさに「文芸作品観光」こそが、今でいう「コンテンツ・ツーリズム」の原点であったはずだ。

さて湖北である。文芸作品を通して「観光」を連想するとき私自身のあくまでも個人的な読書経験での印象ではあるが、湖北は豊饒のなかにある。そして一点を選ぶとしたら井上靖の『星と祭』を挙げたい。この作品は、一九七一年（昭和四十六）五月からおよそ一年間にわたって朝日新聞紙上で連載された後、朝日新聞社より翌年に単行本として出版、さらにその三年後に角川書店から文庫化されることで、多くの読者の支持を得ることになった。

一九〇七年（明治四十）生まれの井上にとっては、晩年に近い名作であったが、私自身も彼のこの執筆時の年齢に追いつき、感慨はいや増す。

私がこの作品を最初に読んだのは、大学の一年生のとき、文庫化されたばかりの頃だった。滋賀県人であることを割り引いても、名作だと思った。湖北を中心に描かれた十一面観音立像とそれに寄り添い、数百年以上にもわたり秘仏のごとく、信仰とともにそっと見守ってきた人々の姿。そしてそこに訪れ、苦渋の苦しみから解きほぐされていくひとりの旅人の姿。「灯台下暗し」といってもよい、十九歳だった私は未知の滋賀に、「観音の里」をめぐる「道の物語」の舞台として魅了され、将来おそらく中年という年代を迎えるであろう自己の姿を、主人公の架山洪太郎の喜怒哀楽の思いにだぶらせてみた。それから間もなくして、友人を伴い伊香郡高月町（現在は長浜市）の渡岸寺を訪れた。以降、しばしば当寺を訪れるようになり、そのたびに、井上の『星と祭』は私の心象の風景を彩ってくれることになった。

そして十九歳の私は、本当の意味での「コンテンツ・ツーリズム」（その頃、このような言葉すらなかったはずだが）とは何か、などと考えることすらなかったが、無意識のうちに「文芸作品」が、「観光」を引き起こす大きな原動力と醍醐味になるということは、体験として実感していたと思う。

しかし、この名作は近年絶版となり、まちの書店からはすっかり姿を消してしまっていた。したがってその所在は、復刊を待望する愛読者の心の中に残る状態であったのだ。

『星と祭』の復刊

この作品は、木之本町や高月町（現：長浜市）を中心にして湖北地方に多く残る十一面観音立像が重要なモチーフとなっている。とりわけ私が最初に訪れることになった渡岸寺（向源寺）のそれは、滋賀県内唯一の国宝に指定された観音立像である。

渡岸寺、鶏足寺、石道寺……、井上が描いた風景に感銘を受けた旅人が近年増えているようである。彼らの多くは、この作品に若い頃に最初に触れて年を重ねるうちに余韻のように、架山の哀惜と哀愁に対する共感の念が蘇ってくるのではないだろうか。

木之本町を走る北國街道の中心に位置する木之本地蔵尊の近くに、古書店「あいたくて書房」がある。店主の久保寺容子は『星と祭』は置いてないかという問い合わせが、なんと観光客からも多くあったという。この事実がきっかけとなったようで、久保寺をはじめ市内有志の本好き七人が中心となって、「『星と祭』復刊プロジェクト実行委員会」を、二〇一八年（平成三十）五月に発足させた。その詳細は、秀逸な地域文化誌『ふもと』（風林舍、編集発行人・三田村圭造、vol. 12、二〇一九年十二月）に記されている。

また、実行委員会のひとり對馬佳菜子の著書『観音ガールと巡る近江の十一面観音――『星と祭』復刊プロジェクト公式ガイドブック編』（能美舍、二〇一九年）にも詳しい。對馬は同書のなかで「行政主体ではなく、地域の出版社と有志によって生まれた小さな団体です。出版資金は、観音さんにちなみ、古来寺社や仏像の建立、修理の際に有志らに説いてまわった「勧進」という形で協力を求めました。復刊のことだけでなく、観音さんをより身近に感じてほしい、観音さんを現代も守り続ける村人の暮らしを知って欲しい、そんな思いで、小説に登場するお堂をまわり、イベントを開催してまいりました」と記している。

今流行りの、クラウドファンディングを活用していないところは、私たちの国の独自な文化創造の在り方のひとつを教えてくれているし、この活動においてきわめて適切な手法でもある。また、例えば「鎮護国家」としてではなく、人々の暮らしのなかで「土俗的信仰」としてこそ伝えられ守られてきたものが、仏教信仰のひとつともいえる民俗信仰としてここにもあるという示唆をも感じ取らなければならないだろう。

そして何よりも、地域の人々が自律的主体的に、地域のためにこの復刊を実現したいという思いは「土俗的信仰」に通じるところがあるというのは過言だろうか。委員会発足からおよそ一年半後の二〇一九年十月に、地元出版社である能美舎（木之本町）からそれは実現した（以降『星と祭』からの引用については、この能美舎版を底本とする）。

2 『星と祭』
――鎮魂と殯そして巡礼の旅

読書からの旅、それは寄り道もまた愉し！

井上靖のこの著作について、ここで文芸評論宜しく詳細に記すわけではない。あくまでも、昨今流行の、早や儲けに走りがちで、実質実のある観光とは言い難い軽佻浮薄といってもよい「コンテンツ・ツーリズム」とは一線を画した、「文芸作品観光」を感じることのできる動機は、名著のたった一行からも読み手の創造力を喚起し、観光動機を高めることができるのではないか、という思いに本章および以降の各章にその意図は発している。

この作品では、東京にある中規模の貿易会社の社長である架山洪太郎による鎮魂と殯《もがり》のための巡礼の旅が、心象風景として描き出されている。

架山にはふたりの娘がいる。長女は離別した先妻（時花貞代）との間に生まれた、みはる。次女は二度目の妻（冬枝）との間に生まれた光子。みはるは架山の再婚後は、彼の実母に養育され幼少期は伊豆の山村で過ごした（井上の愛読者なら周知の通りであるが、井上自身も幼少期伊豆に暮らした。ここに、読者は作品の広がりを感じる。文芸作品という「コンテンツ」ならではの興味深さである）。みはるはその後（小学校高学年の頃の夏の終わりに）、実母の貞代に引き取られ京都に暮らすことになる。そして十七歳になった年に、彼女は琵琶湖の水難事故で命を落とす。大三浦という男子大学生の漕ぐボートで湖に出て、転覆したのだ。

作中から、この遭難は一九六四年（昭和三十九）五月だったことがわかる。東海道新幹線が開通するのは、この年の十月のことであった。

ふたりの遺体が上がらないまま七年を経過して、なお癒されない架山の悔恨と苦渋の回想とともに、物語は進む。そんなある日、架山は高校時代の友人で、金沢で開業医をしている杉本の息子の披露宴に招待され、二泊の予定で金沢を訪れることになる。この一節も、井上ファンにとっては連想の輪が広がる（年代的にみて当然、「高校」とは、旧制高校で第四高等学校ではないかと、そしてさらに彼の別の作品『北の海』が想起される。それは井上が第四高等学校で学んだときの金沢での学生時代の体験を描いたものだ）。

架山は、東京から金沢に赴くに際して敢えて北陸線を経由せずに、軽井沢、長野経由を選ぶ。もちろん、当時は上越・北陸新幹線はなく、東海道新幹線で米原経由にて北陸線特急の「しらさぎ」か「加越」のほうが便利だったはずだ。そこにもやはり、みはるを亡くしたことによる心的外傷が無意識裡にも強く残っていたに違いない。なんといっても米原・長浜間の車窓からは琵琶湖がよく観える。みはるが遭難した琵琶湖だ。長浜警察署から遭難の知らせを受けて架山は東海道線経由で米原から長浜に向かっている（竹生島近辺で遭難し、空のボートが長浜の湖岸に漂着した）。

杉本の息子の披露宴出席という架山の北陸行は否が応でも、みはるの死を改めて想起させたのだろう。架山は長い祝辞のなかで「このお祝いの席に縁起でもないこと」と断わりながら、娘の死に触れつつ出会いと運命について述べることになる。

この金沢行が、架山にとってのこれからの巡礼の旅に向けての前奏曲となったのではないだろうか。

鎮魂と殯、そして十一面観音立像への巡礼

架山は、みはるとともに湖中に消えた大学生の大三浦の父親と、あの事故以来七年ぶりに再会する。そしてその大三浦から、琵琶湖畔とりわけ湖北に多く点在する十一面観音立像の存在を聞かされる。架山は「十一面観音ですか。奈良のどこかのお寺で見た記憶はありますが、どうも、――」と知識の無さを吐露する。大三浦は、法華寺や聖林寺などの奈良の著名なそれではなく、湖北の十一面観音立像は「……あまり知られておりませんし、その観音さまをお守りしている集落の人以外、余り見た人もないようでございます。……」とその秘仏であるさまを架山に伝える（白洲の「近江は日本の舞台裏」という言葉を、ここでもまた連想してしまう）。

大三浦はそれまでに何体かを拝観したといい「眼を瞑りますと、どの観音さまのお顔も瞼に浮かんで参ります。手や足を失ったおいたわしい姿の観音さまもあれば、何とも言えず立派なお姿の観音さまもございます」という言葉に、架山は魅かれていく。そして彼は、かつて読ん

だことのある「未知の国文学者の論文」を思い出す（この国文学者とは、折口信夫だろうか？井上はその名は記していないし、敢えて「若い国文学者」とも表現しているので、「時代考証」をすれば、その時点では折口は逝去している。しかしここでまた、三島由紀夫の『三熊野詣』という作品を想起してしまい、紀州にゆかしさを感じることになるとすれば、また読書と旅の興深さは増す）。

井上は「そうしているとき、架山は若い国文学者の〝もがり〟に関する新しい論文を読んだ」と記し、『万葉集』にみる「挽歌」が単なる追悼歌ではなく、殯の期間に詠まれた追悼歌であることを架山に気づかせている。「架山は一人の国文学研究者の挽歌に関する論文を読み終った時、すぐそれをみはるの場合に結びけて考えずにはいられなかった」ことが、後日の大三浦の示唆とともに、自己の中で発酵するかのようにして、湖北への鎮魂と殯のための巡礼の旅に出るのであった。

ここでは、敢えてコンテンツという言葉を使うが、『星と祭』というコンテンツのなかで表現された若い国文学者の「〝もがり〟に関する新しい論文」というコンテンツ、あるコンテンツとそのコンテンツのなかに含まれた別のコンテンツ、これが読者のなかで、新たな化学反応を起こすようにして旅を誘うのもまた、文芸作品が持つ「作品観光」の愉しみの発見でもある。そして、国文学を超えて民俗学の視点も織り込まれていることは、この作品に味わいを深めることになる。

さて直前に折口信夫のことを記した。これは実は井上靖ファンのひとりにしか過ぎない私の、そして「柳田―折口」という系譜に惹かれる私の想像でしかないということをここで付記しておきたい。

井上靖文学の研究者である高木伸幸は、『星と祭』の能美舎版末尾の解説部分で、研究者として正鵠を得た推定を紹介しているのである。すなわち、井上が連載を始める前年に、渡瀬昌忠の「人麻呂殯挽歌の登場――その歌の場をめぐって」(『国文学解釈と鑑賞』至文堂、一九七〇年七月、月刊の学術誌だが今は廃刊となっている)を読み、ヒントを得たのではないかという点である。

しかし屋上屋を重ねることになるであろうが、その正鵠を得た推定の基底をなすのは「柳田―折口」の系譜であったということは忘れてはならない。

一九七五年(昭和五十)の文庫版(角川書店)の解説は、当時の社長であった角川源義自らが筆を執っている。一部引用したい。

井上靖の「美しきものとの出会い」には専門用語が少しも用いられず、平明にたんたんと書かれてあった。私はこの筆を執っている井上靖の晩年意識に慄然とした。私の師折口信夫や柳田國男は晩年、日本人の他界観をしきりと考えていた。遠い海の彼方にある幻の異郷をこの二人の老詩人は追い求めて挫折していた。死後の人間の魂はどうあるのか、あ

らゆる学問の側から追及されていい問題である。井上靖は「美しきものとの出会い」のなかでこれを追い求めていた。死に直面した作家が幻の異郷を憧憬し、魂の出会いを求めて苦悩しているように思われた。

文中でいう「美しきものとの出会い」とは、井上が一九七一年（昭和四十六）の『文藝春秋』の新年号から翌年の七月号まで連載していたエッセイが初出となっている。

①渡岸寺

名作は無形の文化資源

作家が渾身の思いで作品を著わしたとき、それが例えば地域社会とそこに住まう人々を背景に描いたものであったとすれば、その成果は地域にとっての無形の文化財として永く伝え継がれていくに違いない。そして支持する人々によって、文学碑となりあるいは記念館が創設され有形の文化財となっていく可能性も少なくない。

『星と祭』も例外ではない。渡岸寺の境内（①）には、井上の文学碑が建てられ「秋風　湖北の寺」と銘打たれている（②）。また高月図書館（長浜市高月町）の二階には井上靖記念室が設けられ書斎が復元、『星と祭』の原稿（レプリカであるが）などが展示されている。

②渡岸寺境内にある井上靖文学碑

図書館の前の広場「出会いの森」にも、井上の文学碑が設置されている。

高木伸幸は解説の後半部分で、井上のこの作品について「紀行小説（あるいは観光小説）の趣があり、読者を空想旅行へと誘ってくれる。読者は観光ガイドを読むごとく、小説の舞台を楽しむことができる。そしてこれらの読者サービスが、『星と祭』において、小説の主題を深める役割まで果たしている」という。

井上自身が読者サービスをウケで狙ったとは決して思えないが、結果として井上ファンの読者にとっては、大きな宝物の呈示ではあっただろう。文化資源が、結果として来訪者・観光者にとっても宝物となるように。

こうした貴重な、「作品」としての文化資源を「ウケ狙い」で利用し損なうことがないように願いたいものであるが、間違った方向に傾くと「作品」自体の価値も歪曲化されてしまうのではないだろうか。

司馬遼太郎は、『街道をゆく9　信州佐久平みち、潟《かた》のみち　ほか』（朝日文庫、一九七九年）のなかで興味深い記述を残している。少し長くなるが、引用したい。

小諸城の場内は、懐古園という公園になっている。その前の広場に古い機関車が置かれていて、まわりに大衆食堂が軒をなら

べ、どういうわけかパチンコ屋並みの大音響で音楽が拡声放送されていて、足がひるんでしまった。ともかくも大衆食堂の一軒に入ると、こういう店にある時代の象徴ともいうべき仏頂面の女の子がデコラのテーブルを拭いていて、声をかけても振り向きもしなかった。……やがて女の子が不機嫌そうに背を伸ばして、「何か注文するのかね」というように(定年を過ぎた年齢の編集部の)Hさんをちらりと見た。アウシュビッツのナチの下士官というのはこういうぐあいだったろうと思われた。

私どもが見つけたテーブルには先客が飲食した器類がちらばっていて、茶やビールでよごれきってもいる。……戸口からは、例の音楽ともいえぬ大音響が聞こえてくる。人間の神経は秩序のなかにあってこそ安定する。こういう非秩序のなかで平然としている感覚というのは、どういうものであろう。……店主らしい人物はいない。店主の骨柄を想像できる痕跡としては、趣味団体から発行したような額が掛けられている程度だった。

小諸なる古城のほとり　　雲白く遊子悲しむ

という島崎藤村の詩さえなければ、小諸城趾は今も閑かだったろう。こういう騒音もなければ、残忍な客あしらいもなく、テーブルの上の器物の狼藉もなかったにちがいない。藤村の詩も小諸城趾もわれわれの誇るべき文化だが、それが大衆化され商業的に受けとめられて再表現されたときに民族のほんとうの民度とか文化の担当能力が露呈するのかもしれない。

もはや、この一文への解説は不要だろうが、経済効果のみの「ウケ狙い」を重視するマスツーリズムの欺瞞性をも読み取ることができるだろう。それは、貴重で大切な地域の文化資源を損なってしまっているのであり、心ある観光者の足をも遠ざけてしまうのである。

3　近代産業文化遺産の消滅
――湖東の憂愁

湖北の祈りに対峙した湖東

湖北を彩る文芸作品には、「祈り」の情景が多い。先に紹介した地域誌『ふもと』の前掲号では、「伊吹山周辺の文学風景」として「車で訪ねる名作の舞台（湖北編）」という特集が取り上げられている。併せて「同前（西美濃編）」も掲載されているが、この地域誌の表題が、伊吹山の「ふもと（麓）」のエリアに因んで命名されているからに他ならない。

彦根（湖東）からも、伊吹山を望むことはできるが、この霊峰に臨み、望むことができる湖北と西美濃の人たちにとっては、この霊山はより一層近しい存在である。

「伊吹は北近江のひとびとの心を何千年も鎮めつづけてきた象徴といっていい」と司馬遼太郎はいう（『街道をゆく24　近江散歩』朝日文庫、一九八八年）。

『ふもと』誌のこの特集の湖北編では、十冊の文芸作品が紹介されている。そのすべての基底にあるのは「祈り」である。森敦の『浄土』や立松和平の『百霊峰巡礼』、谷崎潤一郎『盲目物語』、岡部伊都子『眉高き十一面観音』、遠藤周作『万華鏡』などが並ぶなか、異色と思われるかもしれないが、西村京太郎の旅情ミステリー『十津川警部　湖北の幻想』を選書しているのも興味深い。もちろん、このミステリー小説にも「祈り」がある。

湖東の文芸作品はどうだろう。私は寡聞ではあるが、相対的に湖北ほどには文芸作品は多くないと愚考する。「祈り」の要素がないとはいわないが、むしろ「憂愁」にその色合いは濃い。

政治、経済、社会、文化……あらゆる仕組みのなかに観光を考え得る要因はあるので「祈り」も「憂愁」も観光に影響を与えるだろう。ただ、観光と文芸の関係性のなかで、「祈り」が社会や文化から引き出されるとしたら、「憂愁」は政治や経済から大きな影響を受けるのではないだろうか。私見に過ぎないが。

そこで、思いつくままに、湖東の文芸作品から考えてみよう。

例えば、外村繁という作家がいた。没年が一九六一年（昭和三十六）なので、若い世代の人たちにはほとんどなじみはないだろう。外村は五個荘町（現在の滋賀県東近江市）に、近江商人の豪商（呉服木綿問屋）のうちに生まれている。その生家は、国の重要伝統的建造物群保存地区の一角に今も残る（五個荘金堂地区）。親の意向で、東京帝国大学経済学部を卒業するが、大学在学中より文学に傾倒していた。そして外村家の関東の拠点であった日本橋の「外村商店」を運営するが、商才には恵まれなかったようだ。その後家督を弟に譲り、小説家となり注目されることになる。『草筏』『筏』『花筏』の三部作は、近江商人の「家」を描いた名作として注目された。好んで選んだ経営者のみちではなかったが、挫折感が外村になかったとはいえないだろう。それが、作品の陰影を一層豊かにすることで、「憂愁」は投影される。金堂地区を歩くと、その昔日の陰影を感じることができるのは、著作の読み手ならではかもしれないが。司馬は外村の生家を訪れ、金堂地区に今も残る近江商人たちの、嫋《たお》やかで静謐なまでの佇まいと夢の跡に触れたうえで、外村についてこのような言葉を残している。

私は外村繁の作品が、その死後、読まれることがすくなくなっていることをつねづねくち惜しくおもっている。かれはその母から商人になるべく期待されたが、大正十年、三高に入ったとき、梶井基次郎や中谷孝雄と知り、文学を志すようになった。しかし母親の望みで、大学は経済学部に入った。このあたりの気の弱さも、外村繁の作品の好もしい音色になっている。卒業後、東京日本橋の外村商店を相続せざるを得なくなり、五カ年、店の経営に悪戦苦闘したあげく、家業を弟にゆずり、創作活動に入った。（司馬、前掲書）

また作家自身は近江出身ではないが、辻邦夫の『安土往還記』には政治家・織田信長の「憂愁」があり、落城は安土（現在は近江八幡市安土町）のまちにもまた長く「憂愁」を残した。そして司馬遼太郎は、その「憂愁」に文明化した現代の視点から思いを馳せる。

安土城を降りたあと、干拓地の圃場を一巡してみた。かつての日本の田園は、心なごませてくれたが、今の近代農業の展開風景はひとびとを安らがせるというようなものではない。この大中の湖干拓圃場は赤ちゃけた工場用の建設用地がはるかにひろがっているといった感じである。ところどころに現場事務所のようにハウスや機械設備の建物が点在している。むろん、情緒というものはない。（司馬、前掲書）

舟橋聖一の『花の生涯』には、十四番目の末子として生まれながら時代の悪戯のなかで翻弄され、大藩彦根藩の藩主となってしまっただけではなく、大老として国政を担う運命となる、歌道と茶道に精通し、また先代の直亮とともに湖東焼の振興に尽力した文人・井伊《いい》直弼《なおすけ》の「憂愁」が描かれる。この作品は、冒頭から彦根人の心に響く。「埋木舎《うもれぎのや》」に暮らす直弼のこれからの運命、さらには彦根の行く末を示唆するかのように（③④）。

そして直弼が部屋住みの身で過ごしたときの「埋木舎」は、作中でも重要な役割を成すが、国宝彦根城の下に今も残る。

長い雨季の終わり。夕空は久しぶりに、伊吹山の山頂まで、くっきり晴れわたって見えたが、芹川の水は、見違えるほど水嵩を増して居た。（舟橋聖一『花の生涯』新潮文庫、一九六一年）

③埋木舎
④井伊直弼歌碑

そして、桜田門外の変を経て明治国家となった後の彦根は、藩閥政府から冷遇される憂愁を帯びたまちになっていくことになる。例えば、廃藩置県後、滋賀県の県庁所在地は大津に置かれる（この事変での直弼の暗殺とともに、湖東焼までもが衰退の憂き目にあうことになってしまう）。彦根の数少ない恩恵といわれたものは、明治・大正の政治史のなかでは直截的には触れられることのない、旧制の官立（国立）・彦根高等商業学校の設置と県立の第一中学校を大津にではなく彦根に開校したことぐらい、とはよくいわれたことであった（それぞれは第二次世

⑤旧近江絹糸工場跡地のショッピングセンター

界大戦後の学制改革を経て、滋賀大学経済学部と彦根東高等学校に改組された）。

本章の冒頭部分で触れた彦根と長浜の「文化」に関わる雑談めいた「談義」についても、彦根というまちが持つ「憂愁」に何らかの形で関わっているのではないだろうか。ともに彦根藩下のまちであったのだが。

なお、ＮＨＫが最初の大河ドラマとして、この作品を取り上げたのは一九六三年（昭和三十八）のことであった。

湖畔の城下町と労働争議

彦根の湖畔に面して、群馬県に資本を置く大型ショッピングセンターがある。敷地内にはスターバックスコーヒーや飲食店などが併設され、連日買い物客で賑わっている（⑤）。

しかしこの場所にはかつて、近江絹糸紡績（現：オーミケンシ）彦根工場があった。

一九五四年（昭和二十九）、それまで過酷な労働と人権を無視してきた経営の在り方に対して、労働者たちは立ち上がり、人権闘争が勃発する。

この労働争議を題材にして筆を執ったのが、三島由紀夫である。この争議の年に彼は『潮騒』を上梓しているが、「生活文化誌」と若者の純愛（なんと死語的

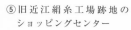

⑥彦根城

響きだろうか）をテーマにして描いた作品の後で、一見異色な観を与えるかもしれないのが、争議のモデル小説ともいわれた『絹と明察』であった。もちろん、この作品の基底に「生活文化誌」が存在しないわけでは決してない。過度なまでに「日本的経営」の悪しき部分を進める経営者・駒沢善次郎の風雅と事業に翻弄される若者（労働者）たちの苦闘としての「生活文化誌」が確かに存在する。「近江絹糸紡績」は、作中では「駒沢紡績」と称されている。そして、駒沢善次郎のモデルとなったのが、当時の社長の夏川喜久次である。

たとえ細やかでも「生活文化誌」への顧慮がない作品は、読者に対しての魅力を持てない。「生活文化誌」には、人々の「詩」が内在している。「共同体の詩」がそこにあるのだ。それこそが、観光を希求する想いにもつながるということを忘れてはならない。

さて「三島は海外での評価に期待し、ノーベル文学賞をめざす。そのために書かれたのが、近江絹糸紡績の労働争議に材を取った」この作品であった。そう指摘したのは宇神幸男である。そして併せて、宇神は「中に出てくる彦根と琵琶湖の風景は、それだけ明るく描こうと思ってい」たという三島の意図を、彼のＤ・キーンに宛てた書簡を通して紹介している（宇神『三島由紀夫vs音楽』現代書館、二〇二〇年）。

彦根と彦根城（⑥）、そして琵琶湖の心象風景は、闘った労働者たちの青春の一時を刻んだ「生活文化誌」でもあるのだ。

（彦根城の天守閣の最上階に向かう）暗い階段をいくつも昇る。鉄砲狭間の三角四角、矢狭間の短冊形の、小さな光の破片がいくつも足もとに落ちる。つひに最上階に来て、人ごみを分けて西の窓を覗くと、琵琶湖はうららかに展け、網代の小柴が点々と見える。眼下の湖畔に、駒沢紡績の煙突が煙をあげてゐる。もっとも眺めの佳いのは、南の窓である。岡野はその窓辺を離れる気になれなかった。一望の下にある犬上平野は、芹川の川向うから、徐々にまばらになる人家のあひだに、冬菜の畑や刈田のひろがりを際限なくつづけ、観音寺山の霞む山頂に、いくら巻いてもはねかへる卒業免状の紙のやうな、固い冬の雲の幾巻を置いてゐた。（三島由紀夫『絹と明察』講談社、一九六四年）

もちろん、こうした彦根城天守閣から見つめる琵琶湖と湖東平野の景観そのものの表現が主役ではない。これを通して三島は何を描きたかったのかということを考えたい。景観そのものが主体となった表現であったとすれば、観光を直截的に見通すことも容易である。しかし、この冬の陽でも穏やかな、湖城の下に広がる保守的な気風の残る古い城下町（彦根藩・譜代大名筆頭の井伊家三十五万石の城下町）で起こった労働争議、そしてそれを主導した青年たちの革新性と駒沢善次郎の「日本的経営」に名を借りた搾取の構造という保守性。革新と保守という葛藤のなかで揺れ動いた群像のなかに有形無形の「光と影」を見出せないだろうか。

駒沢に対峙したのは、この争議のリーダーとなった大槻青年だった。そしてそのモデルであったとされているのが、のちに彦根市会議員を務めた朝倉克己である。朝倉は二〇一二年（平成二十四年）に『近江絹糸「人権争議」はなぜ起来たか』と、その二年後には続編となった『近江絹糸「人権争議」の真実』を著している（ともに、サンライズ出版）。

朝倉は、もちろん三島の取材を受けており、二〇一二年の著作の末尾には、そのことも記している。

近江絹糸の労働争議発生からちょうど十年後にあたる昭和39年（1964）、文壇の鬼才と謳われた三島由紀夫が『絹と明察』を発表した。この小説は、その前年に三島が彦根を訪れて筆者を含む争議関係者に取材して完成させたもので、主要な登場人物の一人「大槻青年」は筆者がモデルとされている。ただ実際の出来事をベースとした部分があるにしろ、小説はあくまで三島の思考が生み出したフィクションであり、事実とは大いに異なる。

（朝倉、前掲書、二〇一二年）

消えた近代産業文化遺産

直前に記したように、近江絹糸紡績彦根工場の跡地は、大型ショッピングセンターに姿を変えて、昔日の面影はまったくない。群馬県に資本を持つこの商業施設の進出には、反対の声を挙げる人たちもいたというが、経済の論理はそれを押し切った。

この彦根工場が開設されたのは、一九一六年（大正五）のことであり、閉鎖時には八十年近い歴史を有する煉瓦造りで鋸屋根の趣を保ち、まさに近代から現代にかけての産業文化遺産のひとつであった。

そこに勤務する若い労働者の多くは、昭和の戦後となっても九州や東北地方から中学校卒業と同時にここで青春の日々を過ごし、向学心のある人たちは、指呼の距離にあった滋賀県立彦根東高校の定時制で学んだ。私自身、この高校の全日制の卒業生であるが、在学中の夕刻の通学風景は微妙ながら記憶にある（当時は、全日制三年生になると、教室を共用する関係で、夕刻の一定時間になると教室を明け渡すことになっていた）。私たちよりかなり上の世代の人たちの間では、お互いに顔を見ることもなく、互いに励まし合う交換ノートを机のなかに入れていたという話を、教師から聞いたことがある。

これもまた、産業が生んだ高校生の文化遺産かもしれない。

産業文化遺産が観光資源としてその対象になるということは、今では多くの人が認識するところとなった。もちろん、それが負の遺産となることもあるであろう（ダーク・ツーリズムなど）。労働争議があったということは、企業経営者側（すべてとはいわないが）からみればまさに負の産業遺産だろう。しかし、その清濁を併せ飲みつつ未来に活かしていくのも文化資源を活かした観光の使命と役割りである。

至便性を活かし、役に立てることで経済効果を図るという企業の論理や、行政の思惑もわからなくはないが、跡形もなく消えた産業文化遺産と、『絹と明察』の文学碑すら残していないというのは、このまちの観光文化の振興にとって少し残念である。

静態保存の国宝彦根城のモノカルチャー型観光だけにとどまらずに、とまでは極言しないが、動態保存で活かし得る素材も豊富なだけに、昨今の芹橋地区足軽屋敷跡の試みなどは注視したい。この章の最後を、司馬遼太郎の言葉で閉じたい。彦根と同じく城下町・大洲（愛媛県）について語っている。

日本の町が画一化してしまったこんにち、昔の町割りのまま道路のせまさを保っているというだけで、大洲は都市空間としての誇りをもっているのではないか。（司馬遼太郎『街道をゆく14　南伊予・西土佐の道』朝日文庫、一九八五年）

第三章

金沢の影笛

①金沢駅

1　豊かな学術と文芸のまち

「加賀百万石」「小京都」は観光業界的な用語！

すでに第一章で記した通りであるが、元の金沢市長であった山出保の「金沢を観光都市と呼んでほしくない、学術文化都市と呼んでほしい」という文言は、金沢というまちを想うたびに私の心に蘇ってくる。山出は、「観光都市」と呼ばれることのしたたかともいえる打算性のにおいを、わがまち金沢に対して快く思っていなかったのだろう（①）。

私が大学に入学してすぐに、立て続けるようにして行った旅は、「伊良湖・神島行」と「金沢行」であった。ともに今でいう「コンテンツ・ツーリズム」であるが、ステレオタイプで捉えがちであるこのカタカナ語を避けて、「作品観光」と先の章では記してきた。

「伊良湖・神島行」は、柳田國男の旅の始原ともいえる「遊海島記」に魅かれたものであり、後者は井上靖の『北の海』で表現された旧制高校（第四高等学校）の青春に、叶わぬ時代の、ナンバー・スクールという叶わぬ憧れを求めて、時空旅行を試みたかったからに他ならない。五木寛之ファンで、金沢大学に入学した高校時代の友人がいて、彼の勧めで五木文学の「金沢編」に私が触れるのは、そのあとのことである。

さてその金沢であるが、「加賀百万石の美食を訪ねて」とか「北陸の小京都の面影を追って」……等々に類した、観光ガイドブックや観光案内のチラシの文言をよくみかける。

五木寛之は「わが金沢」というエッセイを、『女性セブン』誌上に寄稿している。一九六七年（昭和四十二）五月三日号と、かなり以前のものであるがその主旨は今も古びてはいないし、金沢には、あるいは京都や鎌倉などには、まさに適した記述であるのかもしれない。

このエッセイは、下記のように五木のエッセイ集のうちの一冊として、文庫化されたなかに収録されている。


観光記事のなかの都市や自然は、あのゴシップ記事に飾られたスターたちの姿に似ている。実生活といい、私生活といい、すでにそれらは発表されることを前提にした虚像なのだから。（五木寛之『五木寛之の金沢さんぽ』講談社文庫、二〇一九年）

「加賀百万石」「小京都」といった言葉は、もちろん高等学校の日本史の教科書にすら決して登場しない。山出は、「金沢は武家のまち、京都は公家のまち。それが決定的に違う」として、金沢が小京都と呼ばれることについても否定的だった。

五木は、情緒的ではあるが前掲書でさらにこう述べている。五木は一九六五年（昭和四十）からおよそ五年近くの間、金沢に暮らしている。

金沢の人々のつきあい方には節度があり、こちらが孤独でいたいと思えば、それを許してくれる矜持があった。この街では、はったりや、みせかけは通用しない。人々は虚名の背後にあるものを、黙って見ている。私の考えでは、京都はやさしさの陰に、冷たさのある街だ。金沢には表面的な冷たさの背後に、やさしさがひそんでいるように思う。

対比するわけではないが、村松友視は『金沢の不思議』（中央公論新社、二〇一五年）のなかで、金沢を「**京都とはまた別の、まちからかもし出される微妙な文化の香りに、私が勝手に怖じ気づいているのかもしれなかった**」という。この作品は、小説ではなく村松の「金沢論」であるということを付記しておく。序章で私が記した「史心・誌心・詩心」を読み取ることができる著作でもある。

山出、五木、村松、三者三様に聞こえるかもしれない言葉である。しかし、「加賀百万石」「小京都」といった学術性や文芸の趣に欠けた、単純な観光業界的な用語で語ってしまうと、あまりにも大きな陥穽に堕してしまいそうであり、そこに堕さないための警鐘文として読むこともできるだろう（本文では、引用等で敢えて「百万石」という言葉を使うこともあるが）。

影笛と隠喩

村松の『金沢の不思議』は、「第1章　影笛との出会い」から始まる。彼は、「影笛」という言葉の響きにひたすらそそられたという。

影笛とは、何か。村松の説明を引いてみよう。

金沢の邦楽界に笛の芸を根づかせたのは、藤舎秀蓬という人だった。秀蓬の弟子にひがし茶屋街の芸妓・寿美子が名を連ねていて、藤舎修寿という名前をもっていた。この寿美子は、座敷においても客に笛を聴かせていたが、ある年齢に達したとき、客の前に姿をあらわして吹くことをやめ、屏風のかげ、あるいは障子のかげに身を隠し、そこで吹く笛を座敷の客に聞かせるようになった。この、わが身の衰えをかみしめたあげくの窮余の一策が、大逆転を生んで評判となり、誰言うとなく、〝影笛〟の呼称が生まれたという。（村松、前掲書、二〇一五年）

「影笛」とは、紛いなく実際に行なわれてきた演奏行為であるが、一方で金沢を語る隠語のように、よそ者の私には思われた。今から三十年近く前のことであるが、私は月に一度開催される「金沢学研究会」に出席するため、当時居住していた愛知県岡崎市から金沢美術工芸大学

②尾山神社

のキャンパスに通っていた。その研究会は、当時は田中喜男（日本史、金沢経済大学）や黒川威人（デザイン史、金沢美術工芸大学）、本康宏史（日本史、当時：石川県立歴史博物館、現：金沢星稜大学）らが中心となって運営されていたが、研究者だけではなく老若男女、誰でも参加が可能であった。毎回研究発表が基本であったが、議論のなかで様々な「金沢譚」を聴くことができる興味深い研究会であった（現在は、この研究会も閉会となり、中心メンバーであった田中は故人となった）。

そのなかで知った、金沢をめぐる隠喩ともいえる表現が心に残っている。

「金沢は、一周遅れのトップランナーだ」

「金沢は、ブラックホールだ」

「尾山神社を創建するとき、私たちは一銭たりとも寄付しないという人々がいた。彼らは先祖が前田家入府以前から、尾山（金沢の前名）に住んでいると自負する、一向宗門徒の人たち（現在の金沢城趾周辺は、一向宗の拠点・尾山御坊と呼ばれていた。前田利家入府後に築城、金沢と広く称されることになる）」……

といった、逸話のような文言がそれである（②）。

私は、村松のこの本を読んだとき、改めて「影笛」はまさに金沢を「隠喩」するような言葉だと思った。

③高岡・金屋町

前田家の文化政策——今の金沢・観光文化の基礎の形成のひとつ

村松の前掲書は、「第3章　かぶき者——加賀藩祖・前田利家」「第4章　苦渋のステップ——二代藩主・前田利長」「第5章　大いなるジャンプ——三代藩主・前田利常」と記述を進める。「ホップ・ステップ・ジャンプ」という具合に、前田家の治世は現代の金沢につながる文化と経済の基礎を構築したということになる。

初代藩主・利家は尾張出身で織田家中では秀吉の同僚・親友、そしてのちには彼が最も信頼をおくことになる腹心として豊臣政権を支えた。「槍の又左」と称された武勇の人であったと同時に、文武両道を旨としたともいわれている。また「傾奇者」でもあり、粋な文化人でもあったのだろう。

二代藩主・利長は高岡（現：富山県）に支藩支城を築き、ここでは工芸と商業に力を入れた。その後一六一五年（慶長二十）、幕府の一国一城令によって高岡城は廃城を余儀なくされるが、利長が力を入れた銅器生産は今も高岡の産業史の誇りであり、往時銅器職人が集住していた金屋町は国の「重要伝統的保存地区（伝建築）」に認定されている（③）。この地区は、江戸期からの趣が色濃く残り、高岡では「さまのこ」と呼ばれる格子窓が、石畳の道に映えて独特の風情を醸し出している。利長が力を注いだ銅器生産は、今もわが国の銅器生産の中心となっており、シェアは九〇パーセントを超える。ホテルニューオータニ高岡に隣接し、

④高岡大仏

今ではそれを仰ぎ見るような形になっているが、日本三大大仏のひとつ高岡大仏（④）は、まさに銅器のまちとしての矜持であるかのように、この場所でおよそ四百年近く町並みの変容を睥睨している（正確にいうと、この坂下町に建立されたのは一七四五年〔延享二〕であるが、当初は木造であった。火災で焼失したあと青銅製となったのは、一九〇七年〔明治四十〕のことである。さらに、付記すると最初に大仏が建立されたのは、すなわち越中国府が臨む二上山の麓の木造のもので、一二二一年〔承久三〕、「承久の乱」が起きた年である）。

そして今では、その若い世代の後継者たちは、「クラフ・ツーリスモ」と銘打って（すなわち「クラフト・ツーリズム」「工芸観光」）、観光文化の振興に尽力している。

現在の高岡駅にほど近い通りにある「山町筋」は、町人・商人を集住させ利長は商業の発展と交流に力を注いだ。ここも、国の重要伝統的建造物群保存地区に認定された地区であり、土蔵が美しく軒を連ねる。幕府の一国一城令発令後も、人々は利長の施策の恩恵に敬意を忘れず、祭礼「御車祭」を始める。これは、今も高岡市民にとっての大きな風物詩となっている祭礼である。

ちなみに、このまちの商業振興の歴史は、近代となって、一九二四年（大正十三）の官立・高岡高等商業学校（高岡高商）の設立にも起因していくのである。官立高等商業学校の多くは、戦後の学制改革で国立大学の経済学部に移管するが、高岡高商は富山大学経済学部として富山市に設置されることになった。

三代・利常は「文化狂」と称された人であった。村松は、このような表現をとって紹介している。

修学院離宮の作庭や造営、茶の湯、立花、絵画、工芸などの展開によって平安王朝以来の高雅な伝統文化を寛永時代の京都に再生させた後水尾天皇の業績に、利常は大いに惹かれた。利常は、後水尾天皇の寛永文化に範をとりつつ、加賀の伝統文化を確立したのだった。何しろ、利常の妻・珠姫と後水尾天皇の女御の和子とは姉妹関係なのである。

この文化政策が、利常の内に眠っていた文化狂ともいうべき資質を表面に誘い出した……具体的な事実を洗い直していると、利常はやはり、〝百万石の文化狂〟のイメージをおびてくるのだ。（村松、前掲書、二〇一五年）

また利常は、兄の利長に敬意を表し、彼を弔うために、一六一四年（慶長十九）瑞龍寺を高岡に開基している。一九九七年（平成九）には国宝に指定され、夏の一夜はプロジェクションマップを活用して来訪者の心を癒している。本堂を拝観すると、カモフラージュするかのように鳥居がイメージされた構造の柱に気付く。以前に住職から聞いた話であるが、利常には藩祖を神とする思いがあったという。そのために、曹洞宗寺院を神社に見立てて神として祀ったのではないかということであった。江戸幕藩体制成立後の事実上の藩祖である利長ではあっても、この時代に神として祀られるのは徳川家康以外の何者であってもならない（日光・東照宮）。ゆえに、このカモフラージュが真意としてあったとすれば、まさに加賀藩の韜晦政策（自らの資質をあえて隠し、カモフラージュすることで、別のものに装うこと）のひとつなのだろうか。文化狂・利常らしいという人もいるであろうが、加賀藩の文化政策を、幕府に対する韜晦政策であったのではないかと推測する人もいる。

大藩の財政力を軍備には費やしているのではなく、文化振興を財政支出の中心に据えているのだというアピールだ。それがまったくなかったとはいえないだろうが、韜晦政策のための文化政策であったとすれば、その成果が四百年を越えて今もこのまちに残ることはなかっただろう。

四百年を越えて……ということで思うことがある。私は、金沢料理の定番のひとつともいってよい「治部煮（じぶ煮）」が好きで、訪沢するたびに食したくなる。

村松は「第6章　加賀の名物料理「じぶ煮」あそび」のなかで、この一皿の起源に秘められた興味深いいくつかの説を紹介している。もちろん定説は不明だ。

名称のゆらいについては、〝煮込むときのじぶじぶという音からくる〟という解説が、

1674年（延宝）刊の『江戸料理集』に出てきたりもする。……次に、秀吉の兵糧奉行であった岡部治郎右衛門が、朝鮮から伝えたものゆえ「治部煮」であるという説。……また、前田家に召し抱えられた高山右近が連れて来た宣教師の名がジブであったとか、フランス料のジビエからの発音の変化であるとか……（村松、前掲書）

村松は、ジビエ説に「そそられるものを感じた」ようである。私は、加賀藩と高山右近（一五五二―一六一五）の関係性に魅かれる。キリシタン大名を代表する高山右近は、織田信長や豊臣秀吉の知遇も得るが、その後秀吉による「伴天連追放令」によって苦境に立ち、一五八八年（天正十六）に前田利家の恩義を受けて金沢で仕え、二代・利長の治世でも加賀藩を支えた。

さて治部煮であるが、この主役は「鴨肉」である。実は庶民にとって鴨肉は高価なものであったので、当時は食することが憚られたのであろう。村松はこれに関しても興味深い捉え方をしている。

具材の鴨肉を悟られぬようにするために、それを覆うとろみをつけたのだという話を聞かされたことがある。まさに庶民の苦肉の策たるこのカモフラージュ作戦は、何となく理解できるような気がしたものだったが、その説の信憑性を鑑定するモノサシを、わたしはもちろん持ち合わせない。（村松、前掲書）

村松説、「カモフラージュ」がオヤジギャグかどうかはともかくとして、私は「治部煮」に乗る鴨肉を覆うようにして脇に添えられた茶色がかかった「生麩」（これも金沢の著名な食材のひとつである）こそが、鴨肉の存在をカモフラージュした、加賀の国らしい「韜晦」料理ではないかと考えてしまう。さらに、「鴨肉」は魚屋で売られてきたという歴史があることも付記しておこう。

三十歳をまたずに早世した四代藩主・光高は大きな業績を残せなかった。しかし、長男・綱《つな》紀《のり》の誕生を喜び、江戸からの参勤交代の帰路を六泊七日で金沢に帰着したという記録が残っている。これをヒントにしたのか、二〇一四年（平成二十六）には、『超高速！参勤交代リターンズ』という映画が製作された（主演：佐々木蔵之介）。

その綱紀は三歳で五代藩主になるが、成人後は学芸に力を入れ多くの書を集め、編纂に励んでいる。幕府の高官であった新井白石は、「加賀藩は天下の書肆」として高く評価したことは有名だ。綱紀は、利常が設立した「御細工所」の拡大を図り、工芸文化の発展に尽くすが、この伝統の精神も後に至るまで引き継がれ、一九四六年（昭和二十一）の金沢美術工芸専門学校（金沢市立）の設立に影響を与えたのではないだろうか。この学校も、一九五五年（昭和三十）には、金沢市立・金沢美術工芸大学に発展するのである。

さらには、一九八九年（平成一）の市政百周年記念事業の一環で、市は「金沢卯辰山工芸工房」を設立、一九九六年（平成八）には金沢駅近郊の旧・大和紡績の工場を保存修景する形で「金沢市民芸術村」を開設している。当時の市長であった、山出保のいう「学術文化都市」を目指してきた、前田家の文化政策の伝統の流れの一端が、ここにもあるのだろうか。

2　金沢の光と影

清濁併せ持つまち

「清濁併せ持つ」という表現を、前章の末尾で使った。そのことに関連して、少し記しておきたい。「清・濁」は「光・影」や「正・負」に置き換えてもよいだろう。あるいは、さらに暴論になるだろうが、場合によって「晴・褻（ハレ・ケ）」を想定してもよい。

早世した金沢の歴史学者・浅香年木はその著作『百万石の光と影』〈浅香年木遺稿集第一集〉能登印刷・出版部、一九八八年）のなかで、金沢が目指すべき道は「本物を創出する手づくりの心と技の街」だと主張している。浅香の問題意識は一貫して、「地域特有の〝心の風土の独自性〟の空洞化」という点にあったと思われる。それは「金沢を観光都市と呼んでほしくない」という山出の思いにも通じるのではないだろうか。

なぜ「心の風土の独自性」が空洞化するのか。打算的なまでに「観光都市」を目指そうとする政策や方向性は、まさにその理由のひとつとなっているに違いない。「本物を創出する手づくりの心と技」の精神は、「清濁併せ持つ」ことで生まれる。「清」や「正」だけで地域が成り立たないように、その観光もあり得ない。地域の「晴（ハレ）」の時空のみが、観光の対象の基盤と考えるならば、それは空虚だ。

普段の当たり前の日常である「褻（ケ）」なくして、「晴（ハレ）」もあり得ないように、「濁」や「影」、「負」を避けるのではなく、対峙しながら乗り越えることによって「清」や「光」、「正」もその存在感は増す。

観光だけが主題ではないが、金沢というまちはその歴史のなかで、それぞれの両者と対峙しながらそれらを、おそらく乗り越えようとする人々がいてその良心があったからこそ、余所者も憧れるような、四百年を越える文化を維持できてきたのではないかと、私は「旅の人」として感じている（北陸地方では、来訪者を「旅の人」と呼ぶことが多い。とりわけ他府県からの親戚縁者などの近しい人には、特に親しみを込めて「旅の人」と呼んでいると実感する）。

重要伝統的建造物群保存地区・ひがし茶屋街

ひがし茶屋街は、金沢観光を代表するスポットとして多くの観光客で賑わいをみせてきた。飲食店や土産物・雑貨店も多く出店し、いわゆる「インスタ映え」する町並みとしても今では著名だ。ただ、このような観光化が進む場となったのは、いわゆる「重要伝統的建造物群保存

⑤ひがし茶屋街

地区（重伝建）」として国が認定した二〇〇一年（平成十三）頃からであったことは否定できないだろう。私が初めてこの場所を訪れたのは、大学に入学して間もない頃のことであるが、観光客目当ての飲食店や土産物店等は一軒もなかったのではないだろうか。

老舗洋食店「自由軒」などはあったが（もちろん今も営業中である）、もともと地元の人たちで賑わう場所で、現在のようにネットで調べた観光客が大半を占める……というようなことはなかった（こうした事例は、今の金沢では当たり前になりつつある。「B級グルメ」という品格にかける言葉がブームになるとそれは加速化する。香林坊裏通りの「グリルオーツカ」は安くて美味しい洋食店で、「ハントンライス」を楽しみに来店する地元学生たちの人気店であったが、今では開店前からスマホを手にした若い観光客で行列ができる）。

そして「自由軒」に隣接するようにしてあった銭湯は、今はない。もちろん、茶屋街の通りは舗装はされていたが、現在のような綺麗な石畳が敷かれていたわけでもなかった（⑤）。私の記憶に間違いがなければ、アスファルト様に近かったのではないだろうか。

一九七五年（昭和五十）の文化財保護法の改定を受けて、認定が始まることになった「重伝建」の制度であるが、国の認定というものの、まずは自治体が手を挙げることから始まる。

⑥ひがし茶屋街に向かう浅野川大橋

金沢では、文化人やとりわけ歴史学者など認定申請に反対する声も少なくなかったと聞く。まさに、廓という清濁併せ持った場であり、負の歴史遺産と捉える向きがあり、認定による観光化が、濁・負であった部分を忘却させてしまうのではないかという危惧からであった。観光学と観光業学との差異についてはすでに述べたはずだが、「学」として学ぶ以上は共通する要素もあるはずだ。その要素の最も大切な点は、「観光」が有する「濁」と「清」の部分の同居を理解し、いかにしてそれを「止揚」すればよいのかを考えることであろう。

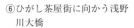

日露戦争の頃（一九〇四－一九〇五）、ロシア軍将校のための捕虜収容所が、あの兼六園の内部にあった。その施設跡は現存していないが、それゆえもあってか訪れる観光客の多くが、ほとんど知るところではないかもしれない。金沢で最も知名度の高い観光地のひとつである兼六園は、その秀麗な庭園の景観とともに、まさに「清」のイメージを私たちに与える。そこに同居する戦争と捕虜は、明らかに「濁」でしかない。

しかし、五木寛之ファンなら誰もがその事実があったらしいということを知っているに違いない。代表作のひとつ『朱鷺の墓』（新潮社、一九七八年）の主人公のひとり染乃は「ひがし茶屋街」の芸妓である。ある日、収容所に慰問に訪れたことがきっかけとなって、ロシア軍将校のイワーノフ少佐と出会い、恋に陥る。やがてそれは深まり、彼は浅野川とひがし茶屋街を望み（⑥）、遥かに日本海をも見晴るかす卯辰山にある天満宮でプロポーズし、結婚し運命が展開していく物語だ。

卯辰山の登り口にさしかかると、人影もなかった。……天満宮の階段をのぼるとき、イワーノフ少尉はひょいと手をのばして染乃の体をすくいあげた。……暮れかかった平野のかなたに、黒い海が見えた。（五木、前掲書、一九七八年）

天満宮を縁結びのパワースポットとして紹介することだけで、この場所の観光が終始してしまうだけではあまりにも表層的と、「観光学」ならば、笑止せざるを得ないだろう。「観光業学」ならば、いざ知らずであるが。

3　観光文化論の視座と金沢の思想

「空から謡が降ってくる」ということ

これは、観光を文化と歴史として捉えることの必要性を教えてくれるポイントの一例であろう。金沢ではまちの様子を「空から謡が降ってくる」と表現することがある。これも「観光化」のなかで一面化されてきたきらいがあったことを指摘する人も少なくないようだ。ただ、私が初めてこの茶屋街を歩いた夏の日中、北陸特有のうだる暑さのなかで、ある一軒の茶屋の二階から聞こえ落ちてきた三味の音が一服の清涼剤であったことは忘れない。

歴史学者の長山長治の論考「金沢にとっての「伝統」とは何か」（地方史研究協議会編『地方史研究』第六三巻第四号、岩田書院、二〇一三年）は、観光化されることによって金沢の「非歴史的」な事実が「映画の書き割りのような風景」となっていることを批判的に捉えている。金沢の貴重な文化資源である「加賀宝生」を巧みに利用したかのような文言、「空から謡が降ってくる」などは、まさにそのひとつかもしれない。

文化資源の「観光化」は、「産業化」というフィルターを通すことで、時として「歪曲化」や「偽装化」を生むのであろう。まさに、「批判的視座を確保するための理性の枠組み」としての「観光文化論」の視座が「観光学」に必要な所以である。

三文豪と三太郎

金沢を語るときに、さらに忘れてはならないものとして、金沢の「三文豪と三太郎」がある。村松は前掲した『金沢の不思議』の第八章を、「金沢の文豪——秋声・鏡花・犀星」として描いている。

「三文豪」とは、徳田秋声、泉鏡花、室生犀星のことである。みな金沢生まれの作家である。そして「三太郎」とは、西田幾多郎（哲学者）、鈴木貞太郎（大拙、仏教思想家）、藤岡作太郎

（文学者）の三者をいう。分野はそれぞれだが、やはり金沢が生んだ俊秀であることはいうまでもない。そして彼らは例外なく、金沢の清濁を併せ持ちながら、その双方を越えたところで、今もその名を多くの市民の間には、当然のごとく残し続けている。

金沢の三文豪を引き較べてみると、いずれも生まれ故郷の金沢における幼時の体験が、それぞれの文業に強く投影されていることが見て取れる。……三者三様の苦渋と屈折の溶け合うマグマのごとき様相をその体験の内側にはらんでいた。それは、文学という位相でのみ開化する、大逆転をふくみ込む体験となっていたはずなのだ。……（金沢市民の）そのあたりの認識もまた、三文豪に対する淡々たる物言いをあらわし、あえて言いつのらぬ金沢人の気持につながっていることなのだろう。（村松、前掲書）

「金沢はバウムクーヘンみたいなまちだ」とある金沢人から聞いた記憶が、私にはある。村松の指摘から考えると、「三文豪」はまさにバウムクーヘンのようなまちのなかで、それを取り巻く環境と人々の間で育まれてきた人であると推定できる。そして、三人を当たり前のように平然と捉える、今を生きる金沢の人たちもまた、バームクーヘンのようなまちであることを、自らよく認識しているのであろう。

さて、この六人の作家・思想家を含め、なぜか金沢のまちには文学や文芸、そして思想の香

⑦四校記念館内の四高生像
⑧旧四校内部

りが漂う。「弁当を忘れても、傘は忘れるな」という、このまちを含む北陸地方特有の、晴天の日が少ない風土が、人の内向的資質を育んだという人もいるが、もちろんその確証があるわけではない。しかし、このまちを「学都」と呼び、そこに矜持を持つ人たちが少なくない。かつて、『學都』という地域誌も発刊されていた。「国の光を観す」この矜持は、観光文化のひとつの表象であるといってよい。

そしてこうした思いを追体験する時空旅行ともいえるのが、「石川四高記念交流館」と「石川近代文学館」への来訪だろう。ここは、一八八七年（明治二十）に設立された、旧制第四高等学校の校舎（国の重要文化財に指定）を、保存修景する形で活用した県立の博物館施設である（⑦）。繰り返し金沢の私事となるが、私がこのまちで最初に観た博物館はここである。そしてすでに記したが、井上靖が『北の海』で著わした青春の現場である。香林坊に近く広坂通りに面した繁華な地であり、しかし一旦内部に足を踏み入れると、喧騒を忘れたかのような静謐な空気に身が引き締まる

（⑧）。二階建ての旧校舎は、大きく分けると「四高生とその青春の文化誌」をテーマにした部分と「金沢出身、及びゆかりの作家たちの群像」のブースによって構成されている。また二階部分では、四つの教室を開放して市の内外の人を問わず、研究会などで、廉価で使用できるようになっている。何年か前に、金沢大学のあるゼミが使用していたので、私もその後自分のゼミの学生たちと赴き、ここでゼミを行なったことがある（⑨）。

⑨旧四高校舎でのゼミの様子

またあるとき訪れた際に、「『善の研究』を読む会」という市民グループが研究会を開いていた。その休憩時間に、会に参加した高齢の男性二人が一階に降りてきて、「グルメもミシュランもいいけど、金沢はもっとこの四高を活用したまちづくりをすべきだ」と熱っぽく語るところに遭遇した。金沢というまちの一端に触れることができたような気がしたものだ。なお、後に触れるが、『善の研究』とは西田幾多郎の代表的著作である。

広坂通りを挟む指呼の距離には、「金沢21世紀美術館」があり、二〇〇四年（平成十六）の開館以来、現代的な外観と展示が大きな評判を呼び、観光客の足が絶えないこととは一見対照的にさえみえる。ただ山出保は市長在任時、この美術館の設立に尽力したとき、「近江町市場で買い物をした主婦が、その帰りに買い物籠を持って立ち寄れる美術館にしたい」という意のことを述べていた。これが「近説遠来」を呼ぶとしたら興味深いことだ。

またさらにそこから、兼六園を左手にみながら坂を登ると（金沢は坂が多いまちである）、石川県立歴史博物館だ。この煉瓦造りの建物はなぜか、上述の「石川四高記念交流館」（旧四高）の校舎と似ている。実はこちらも、かつてのある建造物を保存修景している。四高に遅れること十一年、一八九八年（明治三十一）に設置された「陸軍第九師団」の建物がそれにあたる。「学都」と「軍都」、ここにも金沢の光と影をうかがい知ることができる。

かつての「軍都」の跡は太平洋戦争の終結後、金沢美術工芸大の校舎として活用された後に、現在の「歴博」に転身した。戦争という負の遺産の平和活用と学問の場という正の遺産のさらなる平和と文化の場での活用。ともに、動態保存という形でまちの文化の痕跡を保存し、次世代につなげていこうとしている点が、「金沢」なのだろう。

西田幾多郎のことども

西田は、金沢の出身ではない。生家は、近郊の河北郡宇ノ気町（現：かほく市）である。そして、第四高等学校に学び、金沢で青春の日々を送ったのである。卒業後は東京帝国大学に学ぶが、「選科生」であったためいわば大学から冷遇された学生という屈折があったに違いない。その後、石川県に帰り最初は七尾中学校（旧制、現在の七尾高校）で教壇に立った後、母校の第四高等学校に迎えられ、さらに京都帝国大学文学部の哲学科の教授となり退官を迎え、その後は急ぐようにして、鎌倉に居を移したのである。日本独自の哲学思想を構築した彼の思想は、高等学校の社会科の教科書にも紹介されている（そういう意味では、三文豪も鈴木大拙も高校教科書に掲載されていることを思えば、金沢の思想風土には改めて驚愕せざるを得ない）。『善の研究』はその代表的著作で、「西田哲学」といわれるように、日本独自の哲学（すなわち西欧の哲学の借りもの、換骨奪胎ではない）を産み出すことになる。ただ西田は、いつも金沢を思い、このまちを愛していたようで、それゆえに金沢のまちもまた、今も西田を敬愛し続けているのであろう。上述したような「『善の研究』を読む会」という研究会の存在などはその細やかな、ひとつの例であろう。

西田は、その畢生の書の冒頭でも金沢と母校への思いを行間に馳せているようだ。そしてそれに対しての、京都への両義的な思いや鎌倉に対してしたためた実感もまた興味が絶えない。

　この書は余が多年、金沢なる第四高等学校において教鞭を執って居た間に書いたものである。（西田幾多郎『善の研究』岩波文庫、一九五〇年）

京都に来た初、まだ老母が生存していたので、私は老母を見舞うべく毎年金沢に帰った。当時、四高を訪れると、いつも自分の学校に帰ったの如くに思われ、自分がもはや京都大学にいるのだということが忘れられて、やはり続いて四高にいるものの如くに感ぜられた。……私はいまもなお、四高時代に読んだ四高の書籍には一種の懐かしみを感じている。

（西田幾多郎『続思索と体験「続思索と体験」以後』岩波文庫、一九八〇年）

私は二十年近くを京都に過ごした。京都は最も古蹟に富んだ山川の美しい都である。しかし京都は古都というにはあまりに都らしく、山川の美もまた優雅に過ぎる。特に私には実感を動かすものが多く、空想の羽ばたく余地を与えない。（同前書）

鎌倉にはなお廃墟らしい所が多い。……迷路のごとき鎌倉山の谷々はかかる人心を具象化しているように思われる。しかしそれだけまた深刻に人生の悲哀を感ずることも多く、我々の宗教心を動かし易い。（同前書）

『続思索と体験』からの引用文は、そこに所収された「鎌倉雑詠」からのものである。西田の終生変わらぬ金沢への想い、京都への両義的とも思える感慨、そして鎌倉での解脱心と人生のなかでの諦観をも想起させる行間。彼のフィルターを通して、世間でいうこの三つの「観光都市」（とあえていうが）を比較することで、唯一「裏日本」（これもあえていう）といわれてきた「金沢」の真実を語る、ひとつのヒントになると私は思い続けてきた。

そしてさらには、京都、金沢、鎌倉はもとより、類似していると思われがちな他のまちも含めて、観光業界的ともいえる安易な「小京都」論や「古都」イメージには翻弄されてはならない。なんといってもその「来歴」が違うのであるから。

宇ノ気というまちと「西田哲学」

西田の生地である宇ノ気町（かほく市）は早くからこの哲人への顕彰の思いは強く、二〇〇二年（平成十四）には「石川県西田幾多郎記念哲学館」を設立している（石川県が設立、かほく市が管理運営）。そこは、遺品等の単なる展示にとどまらず、むしろ市内外の人々に向けた哲学の開放講座が注目されるべき「ソフト」である。こうした観点は、合併前の宇ノ気町の時代から変わらない。

「宇ノ気町立西田記念館」が設立されたのは、一九六八年（昭和四十三）のことである。記念館はその付属施設として「精神文化研究所」を設置し、開放講座等にも尽力してきた。

「西田哲学開放講座」と銘打った二泊三日の合宿講座の第四回目に私が参加したのは、一九八四年（昭和五十九）の八月のことであった（⑩）。定員制・抽選制で、私は前年のそれには抽選漏れとなり、二度目での再挑戦参加であった。当時で宿泊食事つきで二万円の経費であったと記憶している。全国から、老若男女、職業を問わず約四十名の人々が記念館とまちの公民館で寝食を共にした。その時に出会った参加者のなかには、その後も交流を続けることができた人も数名いた。

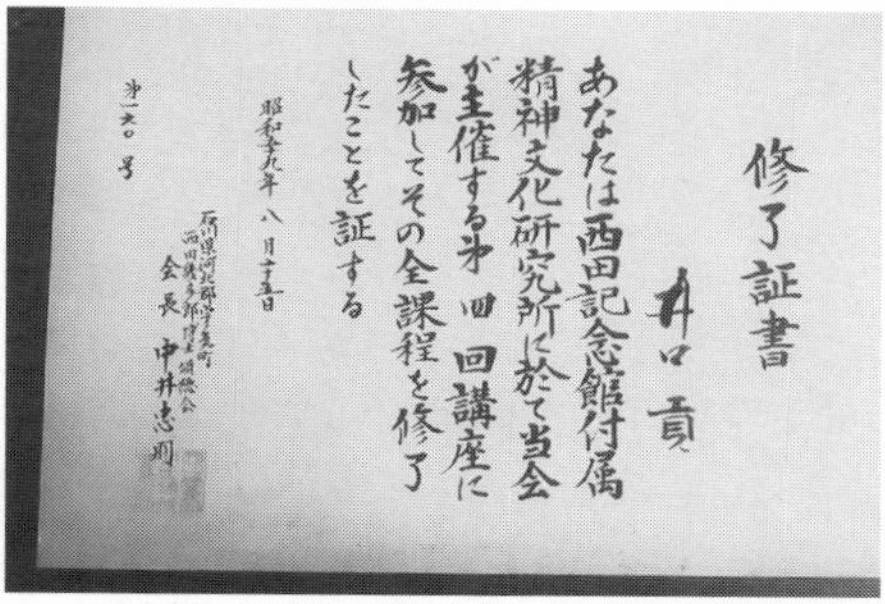
修了証書
井口貢
あなたは西田記念館付属精神文化研究所に於て当会が主催する第四回講座に参加してその全課程を修了したことを証する
昭和五十九年八月十五日

⑩西田哲学講座修了証

平松守彦知事の時代の「一村一品運動」などでの大分県への注目をはじめ、地方いたるところでで「まちづくり」運動が盛り上がりつつあった時代である。しかし、宇ノ気町のこの試みは、単純なまちおこしの試みとは一線を画していた。ステレオタイプからは遥かに超越した、西田哲学と宇ノ気町を土台とした「コンテンツ・ツーリズム」がここにある。

鈴木大拙館

こうして西田を語るときに、「三太郎」のひとり、鈴木貞太郎（大拙）の記念館も忘れてはならないだろう。「鈴木大拙記念館」は兼六園や金沢21世紀美術館にほど近い本多町に、二〇一一年（平成二十三）金沢市によって設立された。喧騒から離れた住宅街のなかに立つここは決して大きくはないが、静謐《せいひつ》なかに欧米でも高く評価された鈴木の「禅の思想」を集中集約するようにして在る。欧米でも高く評価されたゆえにか、コロナ禍以前は外国人観光客も多く訪れた。

金沢21世紀美術館は、老若男女を問わず多くの人が来館している。隣接するかのようにして在る「鈴木大拙館」と先に記した「石川四高記念交流館」は、「21世紀」を訪れた国内の観光者とりわけ若い人々にこそ、「22世紀」にこの金沢の至宝をつなぎ伝えていくためにも是非併せ立ち寄ってほしいと思うのは私だけではないだろう。

4　金澤・読書ノオト

金沢を記した名著は、数多あり枚挙にいとまなき、といった観が強い。その点においても、金沢というまちには、人を旅に誘い、疑似体験の愉しみを与えてくれる居心地の良さがある。「金沢三文豪」の著作はいうに及ばずだが、どれだけ多くの作家が金沢を描き、あるいは金沢で暮らしたか。読者諸氏には、広坂通りを徜徉《しょうよう》しながらぜひ「石川近代文学館」に立ち寄ってもらいたい。そのことが、一目瞭然となるであろう。

私は、旧四高校舎内のこの文学館に入ると、何故か「金澤」と記してみたい気分に襲われる。松本清張の『ゼロの焦点』（光文社、一九五九年。新潮文庫、一九七一年）における、板根禎子の不安と疑惑の金沢・能登への旅は、「金澤」であって決して「金沢」ではない。

それは、井上靖の『北の海』（中央公論社、一九七五年）も高橋治による『名もなき道を』（講談社、一九八八年）もそれは同様であると思う。ともに旧四高生としての青春を送った筆者によるものである。作品の色調はまったく異なるものであるが、「金澤」という同じ土壌で芽生えた青春とその後を想いながら、「金沢」で自らの青春と人生を重ね合わせて考えてみることができるようだ。

少し毛色が変わるが、金沢を取り上げた次の三冊も紹介しておきたい。この章の紙幅もあり、それぞれ一点のみ指摘することにとどめるが。

三島由紀夫『美しい星』（**新潮文庫、一九六七年**）

三島の小説のなかでは、異色といわれることが多い。いわゆる「純文学」という範疇のなかで、宇宙人と信じる家族と空飛ぶ円盤が登場するというのは、確かに異色ではある。それを含みつつ、社会を批判的に捉える思想を、まさに喜劇的ともいえる映像のようにして描かれている。その「映像化」に一定の効果を与えているのが、舞台としての金沢だろう。時として斜に構えつつではあるが。

同書で「**金沢はまた星のまちであった。四季を通じて空気は澄明で、ネオンに毒された香林坊の一角をのぞけば、町のどの軒先にも星はやさしい点滴のように光っていた**」と三島は記しつつ、尾山神社を茶化すようにして表現している。「**崇高なところは一つもなく……竜宮城を思わせる……子供っぽい建造物**」。

なぜ三島は金沢を舞台に選んだのか。もともと、空飛ぶ円盤や宇宙人には関心を持っていたというが、彼は『気多古縁起』という、能登一の宮である氣多《けた》大社をめぐる古文書に着想のヒントがあったのではないだろうか。その中で、能登半島の上空に「相鉢盆」という仏具に似た物体が、空をかすめることがあるという記述が存在する。千年近く前からＵＦＯが能登上空に出没、その目撃譚が記されているのだ。

金沢から日本海の外海を北上したところに、羽咋《はくい》というまちがある。氣多大社はそのまちの大きな歴史文化資源である。このまちが「ＵＦＯでまちおこし」をテーマに、一九九六年（平成八）、「コスモアイル羽咋」という宇宙科学博物館を設立したのが記憶に残る。

吉田健一『金沢』（河出書房新社、一九七三年。講談社文芸文庫、一九九〇年）

吉田の文体は、句読点も少なく決して読みやすいものとはいえない。この作品も例外ではない。しかし難解な文体を持ったこの作品は、本章の冒頭で紹介した五木寛之の「金沢観」と通じるところがあるのではないか（吉田と五木の文体は、もちろんまったく異なるが）。

実は次に紹介する酒井順子の作品のなかに、三島の上の作品や吉田のこの作品についても指摘がある。「**もちろんこれは、金沢の美味しいものを紹介する本ではなく、金沢という街に堆積した、とろりとした闇の濃度を描いたような作品**」と、酒井は端的にいう。

主人公の内山は、東京神田近くの屑鉄屋の社長という形で描かれている。金沢を気に入り、犀川ほとりの高台に一軒家を借り、しばしばこのまちを訪れ、人とまちから歓待され酒肴に興じる。作者自身を色濃く折り重ねた作品である。内山を通して語る吉田の感慨は興味深い。

金沢のことが自然多くて内山が聞いていて新鮮に思ったのは城下町というのが大概は藩

公と対立するものでもこれに傾倒するのでもその藩公が中心になってそこの歴史が語られるものであるというのに金沢の町は町が中心で前田家や或は銭屋五平衛が、或は誰もがこの町に住んで人間という点から見られているらしいことだ。……ある時代に料理が上手な士がいて殿様が料理屋に行き難いというので度々その士の所に旨いものを食べに出掛けて行くうちにその方がその家では本職になって料理屋に転じたのが今でも続いているということだった。

この記述は、金沢で著名な老舗料亭のひとつ「つば甚」を指しているのであろう。もともとは、前田家御用達の鍔師であった鍔屋甚兵衛（三代目）が、一七五二年（宝暦二）に始めた小料理店が起源ということである。

同じ城下町で、すでに彦根のことは記した。余談となるが「つば甚」とよく似た挿話が彦根にもある。井伊家御用達の糸問屋であった糸屋重兵衛が、一八〇九年（文化六）に菓子業に転じ、「いと重」となり今も続いているということである。埋木舎《うもれぎのや》と直弼《なおすけ》のこともすでに記したが、この菓舗を代表する「埋れ木」は銘菓として名高い。

外様と譜代の違いは大きくとも、ともに大藩として吉田の指摘と通じるところが面白い。

ちなみに、「桜田門外の変」のあと、彦根家中では雛の節句は永年喪に服す意味でそれを行なわなかったという。

酒井順子『裏が、幸せ。』「陰翳　闇に浮かぶ金沢の緊迫、能登の漆」「金沢　暗い空に照り映える色彩」（小学館文庫、二〇一八年）

筆者の観光論は、『観光の哀しみ』（新潮社、二〇〇〇年）に代表されるように、愛おしさとともに、本音をついていて面白い（酒井は、哀しみとは愛おしみでもあると考えている）。変な計量観光論よりもよほど一般的で、観光を学ぼうとする若い人にはためになる。年配の人たちにとっては、思わず「なるほど」と思わせるユーモラスな筆力がある。『裏が、幸せ。』は、小学生の頃「裏日本と表日本」という言葉とともに社会科の教科書に触れた経験のある私たちにはなおさらである。

三島による尾山神社への揶揄については、次のように酒井は擁護する。

その異国風の存在感は、金沢の都心部に独特の彩りを与えます。ことに日が暮れるとステンドグラスの中にあかりが灯されると、それは幻想的な輝きを放つわけで、こちらも夜まさりする建物と言えましょう。

藩祖前田利家を祀ったこの社が、現在地に創建されたのは一八七三年（明治六）のことである。廃藩置県、秩禄処分という苦しみと悲しみのなかでの、旧士族たちによる利家への愛着と尽力があってのことである。ステンドグラスは、当時船が金沢港に入港する際の目安としての灯台の役割を果たしていた。見方によっては、神社神門にステンドグラスとは、当時としても想像以上に異形だったかもしれない。改築の話もあったというが、財政難が禍いし、それも叶わなかったというが、残ったことで結果として、国指定の重要文化財となった。

酒井は、金沢というまちに見え隠れする色彩の豊かさと美しさに酩酊しているようにみえるが、それは何も彼女だけのことではないだろう。

「金沢の人々は、前田家が残した文化な遺産を、今も生活の中で堪能してい」るといっ酒井はいうが、それはまさに「表面的な冷たさの背後に、やさしさがひそんでいる」(五木寛之、前掲書)ことを裏打ちする、あたかも「影笛」のような暮らしの流儀なのだろう。

第四章

濃尾参州の惜日

1 「観光文芸」の巨星墜つ

一九九六年二月十日

その日の朝、私は参州・岡崎の自宅で珈琲を飲みながら出勤の準備をしようとしていた。そこに、衝撃的なニュースがテレビを通して飛び込んできたのである。「作家の司馬遼太郎さんが、今朝未明に自宅で倒れ……」という報道であった。司馬はその後、十二日に逝去した。国民的作家として多くの人々から絶大ともいえる支持を得ていた。それは「巨星墜つ」というべき事件であった。

当時彼が執筆中であった『街道をゆく　濃尾参州記』（以下、『濃尾参州記』と記す）は絶筆で終止符となる。初出として『週刊朝日』誌上で連載中であったが、一九九六年（平成八）一月十九日号で始まったそれは、三月十五日号で幕を閉じることを余儀なくされた。わずか二か月間の連載であった。

身近な岡崎に関わる記述も期待し楽しみにしていただけに、哀惜と失望の念が禁じ得なかった昔日を昨日のことのように憶えている。

司馬の命日は、著作のひとつ『菜の花の沖』にちなみ、「菜の花忌」と命名されることになった。しかし、私の心のなかでは、「濃尾参州の忌」であり今もその思いは変わらない。もちろん、司馬が「常民」を想起させる「野に咲く花」をこよなく愛した気持ちに対して、心からの共感を抱くことを私は否定しないが。

ところで、わが国の近世への扉を開いた三英傑（織田信長、豊臣秀吉、徳川家康）は、等しくこの地、濃尾参州に生を受けている。仮に三英傑のなかで最も菜の花を愛していた人は誰と思うかと問われたら、私は家康と答えるだろう。そして、司馬がこの三人のなかで誰に最も共感していただろうかと考えたとき、まったく根拠もないことであるが、家康だったのではないかと思う。歴史に「イフ（ｉｆ）」は禁じ手である。しかし、もし十九歳の家康（当時は、松平元康）が一五六〇年（永禄三）に起こった桶狭間の戦いに敗れ、敗走した先の大樹寺（松平、徳川家の菩提寺。岡崎市鴨田町）で自刃していたら、徳川幕府・江戸時代もなかったのではないか。

『街道をゆく』――「これでも紀行文でしょうか」

「近江からはじめましょう」（『街道をゆく1　湖西のみち』朝日文庫、二〇〇八年）と司馬が『街道をゆく』の連載に着手したのは、世界史上未曾有ともいわれたわが国の高度経済成長が晩年近くなった頃のことである。現代の文明化による社会の変容は急速となり、国民生活は筆舌に尽くしがたく便宜を増していく。しかし、それを代償にするようにして成長の矛盾は顕在化し、社会問題化して負の側面もまた国民生活に襲いかかる。

司馬は、そのはざまに立って地域社会を見詰める。連載の初回は、『週刊朝日』一九七一年（昭和四十六）一月一日号に掲載された。

「これでも紀行文でしょうか」（同前書）と司馬は自問自答するかのように本文中で記している。それに対してというわけではないが、その十年ほどのちに観光文化論の泰斗といってよい宮本常一は、この連載が伝える司馬の旅を高く評価してこういう。

魅力に富む紀行文……考える旅であり発見の旅……必ずしも有名な名勝や古跡や温泉などをたよりにして歩くのではなく、何でもないところをあるいても、そこに発見の喜びがあり、またものを考える課題を与えられることによって旅の意義を感ずるからである。

（宮本「街道をゆく」日本観光文化研究所、一九八一年。『見聞巷談』八坂書房、二〇一三年）

「**あるく・みる・きく・考える**」（宮本『宮本常一著作集18　旅と観光』）ことが観光の旨であると考えていた宮本にとって、司馬の旅の発想はまさに「得たり」とするところだったのであろう。

私のこの拙著『深掘り観光のススメ』で伝えたいことのうちのひとつは、常在の当たり前の日常にも「観光資源」は存在し、それを再発見し光を当てて意義を認め、そして地域社会のこれからを考える手がかりにすることにある。その過程のなかで、決して人文知を放擲《ほうてき》してはならないということであるということも付記しておきたい。

宮本が現代「観光文化論」の嚆矢であるとしたら、司馬の連作『街道をゆく』は、地域史・地域誌・社会・文化等を視野に入れ、社会の矛盾を常民の視点に立って問いかけながら歩き考える「観光文芸論」を通してより良き社会の具現化を希求したものであった。

一般的に評価の高い司馬の一連の歴史小説が、膨大な歴史資料等を駆使した史実に基づいて構築された浪漫（フィクション）であるとしたら、『街道をゆく』は、史実と事実に基づき、観光と紀行、そして文芸というフィルターを通して、地域社会とそれを支える人々（ひいては一国につながる）の幸福を求めて問いかけた書であったのだ。

2　『濃尾参州記』を惜しみつつ……

濃尾参州ってどこ？

「濃尾参州ってどこのこと？」と問うたとき、このエリアには無関心であるとか、暮らすどころか訪れたことすらないというとりわけ若い人たちには、即座に回答は出てこないかもしれない。小学生あるいは中学生だった頃、社会科で「濃尾平野」という名を聞いた記憶のある人は、なんとなくイメージできるかもしれない。

地理の授業的な解説はここではしないが、簡単にいうと次のようなエリアである。

「濃」は、美濃のことであり、現在の岐阜県。この県は美濃地方と飛騨地方に大別され、前者はさらに「西濃」（岐阜市、大垣市が中心都市）と「東農」（多治見市が中心都市）によって構成され、さらに「奥美濃」（郡上市が中心都市）という表現もある。飛騨地方の中心都市は高山市であるが、さらに奥飛騨へと道は続く。司馬は『街道をゆく4　郡上・白川街道』（朝日文庫、一九七八年）のなかで、この部分は少し触れている。

「尾」とは、尾張を指し、これはいうまでもなく愛知県の西部。「尾張名古屋は城でもつ」という言葉があるように、中心都市はいうまでもなく名古屋市ということになる。

「参州」は、「三州」と記されることが多いが、司馬は敢えて「参州」と表記している。愛知県の東部を指し、「三河」地方のことをいう。「西三河」（岡崎市が中心都市）と「東三河」（豊橋市が中心都市）に大別され、さらに豊橋始発のＪＲ飯田線沿線（長野県飯田市に向かう）の周辺は、「奥三河」と称される。その入り口ともいえる新城市は中心都市といってよいだろう。なおさらに奥に進むと北設楽《きたしたら》郡東栄《とうえい》町は、七百年以上も続く「花祭り」が著名で、早川孝太郎をはじめとする、多くの民俗学者も研究の対象としてきた。

高月院と自治体の正義

絶筆であったがゆえに、『濃尾参州記』には司馬にとってかけなかった部分も多くあるに違いない。また、書き足りないまちと場所もあったに違いない。今、私の拙筆は「朝日文庫」新装版（二〇〇九年）を底本としている。ハードカバー版（朝日新聞社、一九九六年）にしても同様であるが、それまでの『街道をゆく』の各編より、当然ではあるが、はるかに薄い。例えばであるが、『街道をゆく1　湖西のみち』（前掲）が、本文のみでも二九一頁の紙幅があるなか、『濃尾参州記』は司馬の文章自体は八七頁で終わる。ただ、朝日文庫新装版にはボーナストラックのごとく、そして司馬からの遺品であるかのように、濃尾参州での取材風景の一部が全頁カラー刷り（一六頁分）で掲載されている。またさらに、安野光雅による挿画の草稿も一四頁分にわたって花を添えている。これらを観れば、司馬と安野が訪れてしかし記せなかった場所の一端を推測することができるであろう。

さてそのなかで、私が最初に読んだときに印象に残ったのは「高月院」のくだりであった。高月院というのは、豊田市松平町にある古刹だ。もともとは、一三六七年（正平二二）に足助重政によって建立されたというが、その後は松平家の菩提寺となりさらに家康の庇護を受け、徳川家が代々保護を与えた。

司馬は、『濃尾参州記』執筆のため、三十年近く前に訪れたこの名刹を再訪することにした。その再訪時（一九九五年頃か）の司馬の失望ぶりが、眼に浮かぶ。全国で自治体主導型の「まちおこし」「まちづくり」ブームが世で巻き起こっていた。

司馬は三十年ぶりの高月院は、訪れる人も少なく清らかで静謐な雰囲気のなかで変わらぬ光景とともに佇んでいると信じ、期待を抱いていたに違いなかった。しかしその期待に満ちた再訪が、失望に変わるのに時間は要しなかった。

高月院までのぼってみて、仰天した。清らかどころではなかった。高月院へ近づく道路の両脇には、映画のセットのような練り塀が建てられているのである。それだけではなく、神社のそばには時代劇のセットめかしい建物が建てられていて、ゆくゆくは観光客に飲食を供するかのようであり、そのそばには道路にそって「天下祭」と書かれた黄色い旗が、大売り出しのように何本も山風にひるがえっていた。

高月院にのぼると、テープに吹きこまれた和讃が、パチンコ屋の軍艦マーチのように拡声器でがなり立てていた。この騒音には、鳥もおそれるにちがいなかった。この変貌は、おそらく寺の責任ではなく、ちかごろ妖怪のように日本の津々浦々を俗化させている〝町おこし〟という自治体の〝正義〟の仕業に相違なかった。私の脳裏にある清らかな日本がまた一つ消えた。

山を忽々に降りつつ、こんな日本にこれからもながく住んでゆかなければならない若い人達に同情した。（『濃尾参州記』）

この文章が記されたのが一九九五年（平成七）前後と考えたとき、すでに四半世紀前にこの山里の小さな集落近辺にも、観光客を閻雲に呼び込もうとする試みは起きており、司馬だけに限らず、心ある人の嘆きを生んでいたということがわかる。「観光公害」や「オーバーツーリズム」を予見させるものである。そして、コロナ禍終息後の地域観光の在り方について今一度再考することの必要性も読み取りたい。

高月院のケースと類似したものといえるだろうが、いくつかのまちの古城の下での、「ゆるキャラ」や「青年武将隊」の「ござる言葉」によるパフォーマンスなどはどうだろうか。たとえそれが「正義」であったとしても、やはり再考しないと「清らかな」城下の景観がまたひとつ「俗化」されてやがて「害悪」に転じていくのではないかと、危惧せざるを得ない。

なお付記すると、宮本常一が、「観光とは」という小論のなかで「少し旅行者にこびすぎているようにさえ思う」と述べていたのは、一九七六年（昭和五十一）のことである（日本観光協会編『観光』六二号、一九七六年五月。その後、『見聞巷談』に所収）。

大樹寺と家康、そして「ビスタライン」という都市景観

岡崎市は家康の生地であり、再建はされているが岡崎城は矢作川の支流である乙川の川面に映える名城である（①②）。「五万石でも岡崎さまは、お城の下に船が着く」と俗謡で広く謡われるようになるのは、江戸期に入ってからのことである。

本丸近くには、「家康産湯の井戸」とされるものが、乙川のさらに支流の伊賀川に面したと

①乙川と岡崎城
②龍城神社と岡崎城

ころに今も残る。

大樹寺は、城から北の方角に二キロ余り上がったところにある。「岡崎」という地名が記すように、城下は大樹寺を仰ぐようにして緩やかな傾斜を持つ「岡」状になっている。「(龍の)尾が先」という地名の起源説もある。城内には「龍城神社」が天守閣と並ぶようにして建っている。それらのことは、生母である「於大の方」が家康を産むときに、龍の夢をみたという伝承によるようだ。


司馬は、岡崎については、桶狭間の戦いで敗走した家康と大樹寺の関係として少し述べるにとどめている。それは本章の冒頭部分で、記したところでもある。

桶狭間の戦い当時、今川軍に従軍していた家康は、義元の首が織田軍の手に落ちたことを知ると、敗戦を悟り桶狭間から岡崎への敗走を決意した。織田と今川が雌雄を決することになったこの戦いについては、司馬は『濃尾参州記』のなかで、「東方からの馬蹄」「田楽ヶ窪」「襲撃」「後水尾・春庭・綾子」と章で追うようにしてかなり詳細に述べている。

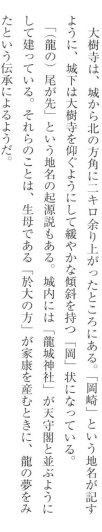

家康の敗走については、「家康の本質」という章で「智者は、性、臆病と考えてていい」と綴り始めながらいう。

大樹寺に帰り着いた家康は、それまでの沈着さが嘘であったようにあらためて恐怖心がわきおこったのか、座敷のすみにしゃがんで、体をふるわせていたという。住僧の好意的な一喝でようやく人心地がついたという伝説が残っている……

大樹寺は、一五三四年（天文四）、現在地で再興された浄土宗の寺院であり、松平・徳川家の菩提寺である[※]。起源は、一四六七年（応仁二）あるいは一四七五年（文明七）ともされている。名鉄・東岡崎駅のバスターミナルから、「大樹寺行」のバスも出ており、本数も少なくない。中心市街地である「康生通り」と交差する「本町通り」「能見通り」を北上すると、行き着くことができる。高度成長期の頃までは市電も走る、西三河随一の繁華の地であったという。

さてバスは、緩やかな丘陵の先で止まるが、そこから歩いて西に折れるとやがて、愛知県が有形文化財に指定する山門が威容を放つ（③）。また、道路を挟んだ対面には市立大樹寺小学校が立ち、校庭越しに総門が構える（④）。

この菩提寺に逃げ込むようにして帰還した家康の自刃の思いをとどめさせたのが、司馬が文中で記した「住僧」である。その名を、登誉天室《とうよてんしつ》（第十三代住職）という。

③大樹寺　山門
④大樹寺　山門から総門を見る

登誉はこのとき、家康に「厭離穢土《おんりえど》　欣求浄土《ごんぐじょうど》」という言葉を使い諭したという。その後生涯を通して、これが家康の座右の銘となる。そして、今も岡崎の康生通り商店街ではこの八文字が「のぼり」となって旗めいている。

その後三代将軍・家光が残したある遺訓は、今にいたるまで岡崎の人々によって守られ続け、「ビスタライン」として岡崎城天守閣への眺望を守る都市景観を彩っている。すなわち、幾世の後となっても、山門と総門を通して望むことができる岡崎城天守閣の姿を遮蔽してはならない、ということがそれである。直線にしておよそ三キロ弱の距離であるが、今もそれは一葉の絵画のように見晴るかすことができる。もちろん雨天、曇天の日は、けむるようなこともあるが。

大樹寺小学校の児童たちは、校庭に立つたびに威容ある山門を仰ぎみ、総門からはビスタラインを通して、一枚の絵画のように天守閣を遠望することができる。これだけで、無言の地域教育といってもよいだろう。

小学生用の教科書に「二十一世紀に生きる君たちへ」（『小学国語【6年下、平成元年用】』大阪書籍、一九八九年。司馬『十六の話』中公文庫、一九九七年）を寄稿した司馬にとって、この大樹寺小学校の景観には、感服していたのではないだろうか。なぜか、記してはいなかったが。

（※）余談であるが、大樹寺の本堂奥には、歴代将軍の没時での身長を実寸大で表現する位牌が安置されている。最初に、これらを拝観したときの驚きを、私は今も忘れない。
幼少期に亡くなった将軍はやむを得ないとしても、例えば綱吉のそれは現在の小学生にして、一年生並みの高さである。そうしたことを覆い隠さない、あるいは誇張しないところに、家康から連綿と続く何かがあるのだろうか。それは三河の実直さとでもいおうか。

3　記されなかったことを少しばかり

町並みを保存するということ

すべての人の命には限りがある。司馬もそれは例外ではなかった。『濃尾参州記』が未完であったことを惜しみつつ、とりわけ濃尾参州に住まう司馬文芸の愛好家にとっては、記されなかった部分に心惹かれるのではないだろうか。

文庫版に所収された取材時の写真や（「濃尾参州記」の風景Ⅱ）、安野光雅の素描（同前Ⅰ）は、そんな愛好家の好奇心を駆り立てる。これらのなかで、私は「有松」（名古屋市）に魅かれる。また、写真と素描にはなかったが、「足助」（東加茂郡、合併後の現在は、豊田市）もまた司馬にとって魅力ある場所、書いてみたい場所であったに違いない。

ともに、わが国の町並み保存運動と活動を、愛知県で支えてきたまちでもある。

一九七四年（昭和四十九）に、完全な民間団体としての「全国町並み保存連盟」が誕生した（現在は、特定非営利活動法人に認定）。この結成を主導したのが、「有松まちづくりの会」と「今井町を愛する会」（奈良県今井町）、「妻籠を愛する会」（長野県南木曾町）の三団体であった。

文化財保護法の改定によって、「重要伝統的建造物群保存地区」の認定が始まる一年前のことであった。この制度認定を後押しする力のひとつとなったのが、この連盟の結成であったと捉える向きもある。そして、一九七八年（昭和五十三）四月に「第1回全国町並みゼミ」が開催され、全国各地の加盟団体の持ち回りで毎年開催されることが恒例となり、現在にいたっている。この初回ゼミの開催地となったのが、有松と足助であり両者共催という形であった。

当時（そして今も）、「愛知・名古屋」とは「白いビル」のイメージが強く、「町並み保存や観光」とは縁遠いと思われていたかもしれないが、それこそステレオタイプな先入観に他ならない。この連盟の趣旨は「郷土の町並み保存とより良い生活環境づくり」を目指すことにある。それは、打算や目論見ではない観光、暮らす人々のより良き日常の実現を目指した結果としての観光（「近説遠来」型）につなげていこうとするものであったのではないだろうか。

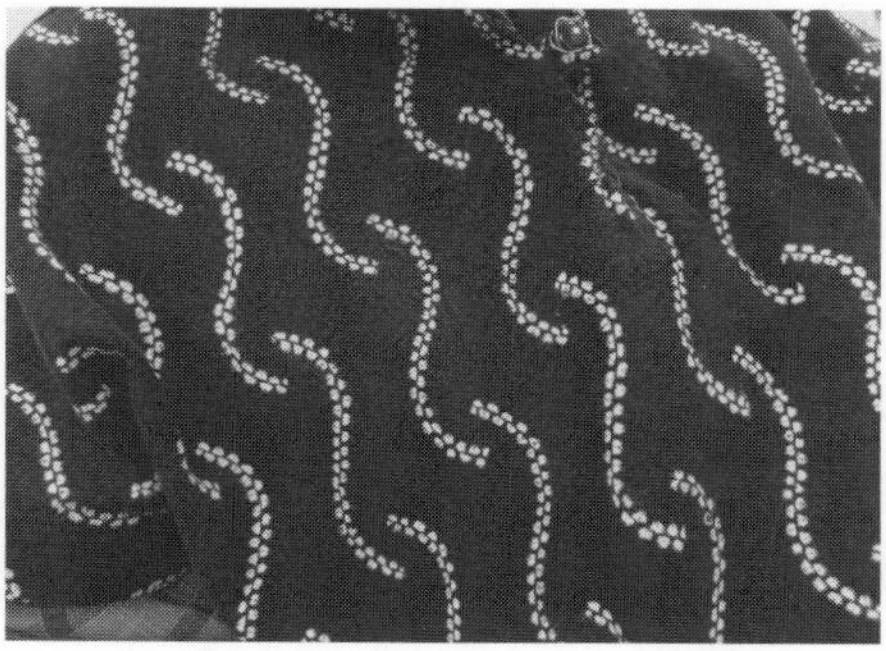

⑤有松絞り

出典 URL：https://commons.wikimedia.org/wiki/File:Arimatsu_Shibori（有松）折縫いで仕立てられた有松絞りの服.jpg
author: 漱石の猫，CC BY-SA 4.0

江戸の風情と絞――有松

名古屋市緑区有松は、桶狭間にも近い。名鉄電車・名古屋本線の有松駅を降りて南東に歩くことおよそ三分足らずで、江戸期の風情が残る町並みに出会うことができる。駅を挟んで北東側にはイオンショッピングセンターが構えているのと対照的ではある。

このまちを一言で表現すると「四百年の歴史と絞りの里」（有松絞商工協同組合）と称されることが多ようだ。

一六〇八年（慶長十三）に阿久比庄（現在の知多郡阿久比町）から有松に移住してきた竹田庄九郎ら八名の絞り職人が、この地で技を伝え発展の礎を築いた。「有松絞り」として、現代にまで継承されたこの伝統工芸は、一九七五年（昭和五十）には、国の伝統工芸品に指定されている。最近では、若い絞り職人の活躍も顕著で、Tシャツをはじめ、若者をターゲットにした商品も増えている（⑤）。旧東海道の宿場町でもあり、今もなまこ壁と「うだつ」が残る商家が軒を連ねる美しい町並みを残す（⑥）。「鍾馗《しょうき》」さんが屋根の上から街道を見詰める姿もユーモラスである。

有松祭もまた、まちの風物詩であり、山車の上で「からくり人形」（名古屋市指定文化財）が躍動する。

⑥有松の町並み

人々は、有松絞りと祭、そして何よりこの旧東海道のなかで現存する卓越した町並みのひとつを、その矜持《きょうじ》とともに守り続けている。「有松まちづくりの会」による「有松まちづくり憲章」はこう謳いあげている。

私達は、先人から受け継いだ有松のたからものを守り、次世代に届けるために、この憲章を定めます。

一、有松の町並み・絞り・山車を守り誇ります。
一、人と人がつながり、ぬくもりのある有松を創ります。
一、有松の歴史や物語を学び、遊び、伝えます。

（「有松まちづくりの会会報」第七〇号、二〇一四年三月三十一日発行を参照）

外部資本の大型ショッピングセンターを背後に控えながら、尾張徳川家のモノづくりの歴史と遊びの精神を（からくり人形と祭などの）、今も矜持とともに守り続けていこうとする精神は、まさに柳田的常民の日々の努力のひとこまを彩っている。そして有松絞の若き職人たちは、伝統を守りつつ故習に拘泥することのない新たな創造に尽力している。

このひとこまを瞥見することも旅の功徳として、大切な教訓を私たちに伝えてくれる。

それは、「サスティナブル」というお洒落な言葉で片付け終わってしまってはならない何かもっと大切なものがあるのではないだろうか。

まさに、司馬が愛した風景がここにもあるのだ。

保存することも開発である――足助

足助《あすけ》といえば香嵐渓といわれるぐらいの、愛知県有数の紅葉の景勝地となっている。

このまちの歴史は古く、少なくとも中世まで遡ることができるであろうが、紅葉の景勝地としての発端となったのは、一六二〇年代にこの渓を望む飯盛山にある名刹・香積寺の第十一代住職の三栄の尽力であったという。人々の眼を和ますために、杉や桧《ひのき》、楓などの苗木を参道沿いに一本ずつ、般若心経を唱えながら植林したという。

先人のこうした思いを大切に顕彰して伝えていこうと、大正末期に住民たちは立ち上がった。


1923年、香積寺の建つ飯盛山一帯を森林公園として開発し、町民の憩いの場を作ろうという考えが、青年団有志グループから発案された。これをもとに、行政が施策として取り上げ、飯盛山周辺の整備が始められた。このことに前後して、青年団では一般町民に桜やもみじの購入資金の募金と協力を訴え、巴川の両岸に桜の大増殖を行った。そして、青年団、在郷軍人会、一般町民等の勤労奉仕によって、飯盛山に登山道が整備され、翌年、登山道に電灯がとりつけられた。また、山頂には休憩所や飲食店も開設された。（縄手正守「地域文化の創造と観光振興」井口貢編『観光文化の新古都地域社会』ミネルヴァ書房、二〇〇二年）

こうした景観美は町並みのなかにもあり、そのことは「全国町並み保存連盟」を通して、有松と連携していたことからも推測に難くはないだろう。

足助の町並みを貫く街道は、「中馬街道」あるいは「塩の道」と称され、南信州の飯田につながる。宮本常一の著作のひとつ『塩の道』（講談社学芸文庫、一九八五年）は、この街道について語ってくれる。三河湾沿岸（旧・吉良町、現在の西尾市）で産出される「塩」を信州まで運ぶ道であるが、足助は中継地点となってその宿場も賑わう。街道沿いは、地場産品の木材を商う材木問屋とともに、仲買人としての塩問屋は地域経済の担い手となり、富を築き甍を競っていたのである。

なおこのまちの中心を走る、中馬街道・塩の道のなかばのところに「マンリン小路」と呼ばれる風情ある路地がある。そのはいり口にある「マンリン書店」は、人口九千人（旧足助町の頃）のまちに、良い意味で異色のこだわりある書店である。書店は、店主のこだわりと哲学によって決まるといってもよいだろう。店主の名は深見冨紗子という。書店奥の蔵は保存修景され「蔵の中のギャラリー」として、四季に応じた作品が展示されている。併設されたカフェは、珈琲と紅茶以外の飲食は出さないというこだわりを持つ。もちろん店頭の書籍コーナーには、宮本の『塩の道』が山積みされている。

彼女は少女時代、書店を興しながら演劇青年でもあった父親から「将来足助のまちは、きっと世の中に広く知られ脚光を浴びるようになるだろう」と聞かされていたという。父親は、足助の地域文化の振興に力を尽くした人でもあった。

しかし高度経済成長期になると、このようなまちの仕組みは、停滞を余儀なくされていく。若者の多くは、後継者とはならずにトヨタ自動車など近郊の大企業やその下請け産業の下で職を得る形へと大きく転換していった。そうしたなかで、開発の波を逆手にとって有形無形の地域文化を継承していこうとする動きが、町民の間で生まれ育ってくる。一九八五年（昭和六十）に創設された「三州足助屋敷」という体験型野外博物館は、その象徴的存在となった。主導したのは町役場の職員であり、後に町長となる矢沢長介や後に足助観光協会長に就任する小澤庄一がいた。小澤は、小泉内閣の時代の観光立国推進戦略のひとつであった「観光カリスマ百選」のひとりに認定されている。

「足助のまちづくり」については、多くの研究者や実践者が紹介してきたので、ここでは多くは触れない（先の縄手の論考や、拙著『まちづくり・観光と地域文化の創造』学文社、二〇〇五年、なども参照されたい）。

私は、足助のこの「物語」のなかから生まれた「名言」を三つにまとめ命題として、機会があるときには紹介してきた（例えば、井口『観光学事始め――「脱観光的」観光のススメ』法律文化社、二〇一五年）。

足助のまちづくりをめぐる三つの命題

① 保存することも開発である

② 観光とは地域文化の創造である

③ 福祉とは観光である

確かに司馬は、『濃尾参州記』のなかで足助については触れていないが、矢沢や小澤、そして深見らを交え、ともに語り合っている頁を繰って、じっくり読んでみたかったと心より思っている。

補章

作中ゼミナール：「文化政策」私観

1 「文化政策」って何だろう？

はじめに

私がこのような分野に関心を持ち、このような仕事をするに至ったのはなぜか？ 自らの遠い過去に溯り考えてみた。私の拙著が手元にある人はとりあえず、以下に挙げる❶あるいは❷を参考図書として、それぞれの冒頭の部分を開いてほしい。もちろん本書そのものの前章までの部分も、復習していただくための重要なテキストである。ゆえに、重複する内容もあるが、ご寛恕いただきたい。（なお、私は教壇に立って三十数年、極論すれば講義のなかで黒板とチョークとこのようなアナログ的図書・資料以外使用したことがなく、もちろんパワーポイントを使ったことも一度もない。この困難な時代に、時代遅れだ。ズームとかスカイプとか、コロナ禍となって初めて聞いた言葉だ。したがって、四百人近い大教室での受講生の学生諸氏には、多大な迷惑をかけてしまっている。西田幾多郎が大学退官時に残した言葉は、心に沁みつつ、あの時代に生きておればと思ってしまう昨今である。）

すなわち、「私の生涯は極めて簡単なものであった。その前半は黒板を前にして坐した、その後半は後にして立った。黒板に向って一回転したといえば、それで私の伝記は尽きる」というのがそれである（「或教授の退職の辞」一九二八年。『続思索と体験』岩波文庫、一九八〇年）。
・『反・観光学――柳田國男から、「しごころ」を養う文化観光政策へ』（ナカニシヤ出版、二〇一八年）。（❶）
・『くらしのなかの文化・芸術・観光～カフェでくつろぎ、まちつむぎ』（法律文化社、二〇一四年）。（❷）

なお、この「私観」を設けたのは、「観光」を考えるうえで、「文化政策」の視点が必要と考えたからに他ならない。そして、本文を「作中ゼミナール」のつもりで綴った。読者の皆さんは、私の演習でともに学ぶイメージで、お読みいただければ幸甚である。ただ、ゼミナールといっても何分こうした「紙媒体」のため、「紙上に兵を談ず」ことになるが、ご寛恕いただければと思うところである。

「文化政策」の答えは、ひとつではない――三つ子の魂で学ぶ

冒頭で「自らの遠い過去」と記した。皆さんは、日本の諺で、よく似ているけれど、実は大きな差異があるこの二つの文言をご存じだろうか？

Ａ梅檀は双葉より芳し

B三つ子の魂百までも

Aは、秀才・天才といえる人たちに該当する言葉、**B**は僕たち凡人でも等しく当てはまる言葉である。すなわち前者は、優れた人は子供の頃よりきらりと光っている。後者は、凡庸な人でも子どもの頃に感じた思いは、大人になってもしっかりとその中に潜めている、というような意である。僕は、凡庸な人間なので、**B**に当たるが、小学校四年生のときに聞いた担任の先生の一言、中学校三年生のときに音楽の先生が授業のなかで語った雑談、同じくその年に受けた国語の先生からの授業、これらが今の私が「文化政策」に関心を抱くことになった淵源として、遠い昔の子どもの頃にあったのではということである。一言でいえば「答えは、ひとつではない」ということになる。音楽と国語の先生については後に記したい。

小学校四年生のときに

担任の堤俊二先生が、あるとき給食の時間中にこんな一言をもらした。

「君ら、1＋1は絶対に2やと思てるやろ？　僕は時として3になったり0になることもあると思てるんや」

四年生の児童たちはみんな、キョトンとしていたに違いないだろう。先生は何を言いたかったか？　敢えてその理由を彼はいわなかった。

読者の皆さんなら、どう解釈するだろうか。

もちろん、小学校四年生だった私は、当時は明確な解釈は自己のなかでできていなかった。

そこで今これを「文化政策」の視点で解釈してみたい。

私の勤務する大学の政策学部では、様々な「政策学」を学ぶ。答え・正解が「おそらくひとつ」というのもあるだろう。ただ、「文化政策」は、「文化」そのものが多様で多彩で、互いの差異を認めることが本質として内包されている以上、やはり均一・画一的であってはならないということだ。「文化政策」を基本とする「観光政策」もそれは同様である。

身近に起こる、いじめやDV等々の問題の根底には、「1＋1＝2」以外は認めないという、硬直化したかのようにみえる社会にもその一因があるのかもしれない。文化の力は、例えば表層的な「クリエイティブ・シティ」や「クール・ジャパン」「コンテンツ・ツーリズム」といったお洒落でカッコいい文言からだけでは決して語ることはできない。極端な言い方かも知れないが、こうしたお洒落な文言は、得てしてひとつの答えを、特別な人たちの主導で求めてしまいがちであるような気がしてならないのである。

ステレオタイプから脱する

「答えはひとつではない」「文化の多様性」が上述部分のキーワードであったかと思う。それは、すなわち、自らの思考のなかで互いの差異を認め、そしてステレオタイプ（先入観や偏見に基づいた片務的・一方的な考え方）に堕さないということである。

例を挙げよう。

以前、文化庁の長官であった某氏は「観光とは経済政策です」といって憚らなかった。これは、ひとつの答えしか許さず、われわれ市民あるいは行政（自治体）の観光振興担当者等に、ステレオタイプで観光を考えることを強いたものではなかっただろうか。

そんな〝時代の気分〟の結果、過剰なまでのインバウンド観光の増強（訪日外国人観光客数を増強）、結果としての爆買い・観光公害・オーバーツーリズムという現象を招いてしまったような気がしてならない。

もう一例挙げよう。全国の大学で「文化政策」という講義が生まれ広がっていくのは、およそ二十数年前を嚆矢としている。そのベースとなったのが「文化経済学」という学問分野である。しかし、ここには原理論があるわけではない。したがって、十の大学があるとすれば、十様の「文化政策」という講義があるといってよいのではないか。これは、例えば隣接する分野の「マクロ経済学」あるいは「マルクス経済学」といった講義とは違う点だ。文化について論じる場合において、「答えはひとつではない」「文化の多様性」とその「差異を認める」ということと、どこかで通じるように思われる。

大仰な話に聞こえるかもしれないが、答えをひとつに求め、文化の多様性やその差異を認めようとしなかったことが、国の文化政策の基調となり、それがひとつの起因を生み、国が太平洋戦争に向けて突っ走っていってしまったということを忘れてはならない。

柳田國男を知る！

私は小学校、中学校時代はともに地元滋賀県米原町（現：米原市）の小さな公立学校で過ごした。授業自体、面白くワクワクするようなものは何もなかったように思う。一部の例外を除いて。ひとつの例外は、先に登場した堤俊二先生の何気ない一言である。

さらに、数少ない例外であるふたつのエピソードを紹介しようと思う。この「ふたつ噺」は、ともに私が今、「文化政策」や「観光政策」に関心を持つことになる大きな一因となったということである。

中学校に入っても、面白い授業はなく二年間（一九六八－一九六九年）を過ごしていた。それゆえにか、野球に明け暮れ、そして好きな音楽を聴いてばかりの日々を送っていた。ただこの間、世界であるいは日本で、田舎少年の私でも記憶に刻印されてしまう、新たな時代を開くような（エポックメイキングな）出来事がたくさん社会のなかでは起きていた。時あたかもわが国では高度経済成長（国家の政策的な意としては、一九六一年に始まり一九七三年に終焉）の真只中で、政治・経済・社会・文化あらゆる局面で大きな変容が生じていた。文化面では、高文化と呼ばれた分野から大衆文化（サブカルチャー、カウンターカルチャー……）に至るまで、多岐にわたっていた。順不同で私見として印象に残ることをいくつか列挙してみたい。

アポロ十一号人類初の月面着陸、キング牧師暗殺、三億円強奪事件、東京大学入学試験中止、夏の甲子園延長十八回引き分け再試合（三沢高校vs松山商業高校）、ＧＳブーム（グループサウンズ）……

そして中学三年生となった年（一九七〇年：昭和四十五年）に、あるふたりの先生が私のいる学校に転入してきた。音楽と国語の先生で、彼らの授業に私は大きな関心と興味を抱くことになる。その出会いが、上述したように、のちに「文化政策」や「観光政策」に関心を持つことになる大きな一因となったということである。もちろん、田舎の中学生のことである。あくまでも、前に記した「三つ子の魂……」に過ぎない。

「椰子の実」をみつける

さてまずそこで、音楽の先生について話したい。今藤恵水《こんどうえすい》先生という。私が三年生となった新学期の間もない頃だったと記憶しているが、音楽の授業で『椰子の実』（作詞：島崎藤村、作曲：大中寅二）が教材として取り上げられた。詩は叙情的（リリカル）で旅心を擽り、バラード様の曲調がそれを倍加するものであった。授業のなかで、余談のようにして今藤先生が語った言葉が、私に大きな印象を与えてくれた。作詞者の島崎藤村（一八七二－一九四三）は、その後いわば〝文豪〟のひとりとして日本文学史に名を残すことになる。この「椰子の実」という詩片は、後に彼の詩集のひとつ『落梅集』（一九〇一）に収録されることになった。

今藤先生曰く「みんな、藤村の名前は阿部先生の授業でも出てくるし、よく知っていると思います。しかし椰子の実が海岸に漂いついた光景を、彼は一度も実際には見ていません。彼の親友であった柳田國男という人がいて、柳田は実見したことを藤村に語り、柳田の話を譲り受けるようにして藤村が詩にしたのです。柳田は後に日本を代表する学者となります。」と（阿部先生については、次に語る）。

私は、柳田國男という名前になぜか惹かれ、きっといつか椰子の実が流れ着いた浜辺に行ってみようと思ったことを、昨日のことのように覚えている。

どこかで記したかと思うが、私は柳田國男（一八七五－一九六二）の政策思想は、わが国の政策科学を学ぶうえで、不可避な峻嶮《しゅんけん》だと思っている。それは、文化政策や観光政策だけに収まりきるものではもちろんない。

柳田は大学生（東京帝国大学法科大学校、今の東大法学部。同級生に日本国憲法の起草に関わった松本烝治がいる）の頃の初期までは、若き新体詩人としてその名は知られ、森鷗外（一八六二－一九二二）の知遇も得ていた。その後、詩作を捨てて、農政学・農業政策の研究に没頭しながら、経済史学をベースにしつつ、日本民俗学を構築していくことになる。詩作を捨てる転機となったのが打ち寄せる椰子の実の発見だった。その感動を、雑誌『太陽』誌上に「伊勢の海」（一九〇二年、その後「遊海島記」と改題）として寄稿した。政策科学者としての柳田の原点は、この作品にあると私は信じて疑わない。大学生となって間もなく、私は図書館で「遊海島記」を発見して貪るようにしてこれを読み、柳田がこの時見つめた伊良湖岬（愛知県渥美町、現：田原市）と神島（三重県鳥羽市）の旅に赴いた。

「遊海島記」の視点は、都市と農村の豊かな関係性、そしてモノカルチャーであってはいけない地域経済の在り方、そしてそれらを育む地域教育や地域文化の創造の在り方を示しているのではないだろうか。

（巻末の【資料】「柳田國男の啓示」（井口作成）を通して、柳田のとりわけ「文化政策」に関わる思想の一端に触れてみてほしい）

『遠野物語』あるいは、オマージュとエピゴーネン

柳田といえば皆さんは『遠野物語』（一九一〇年）を思い浮かべるかと思う。実はこの作品のなかにも、地域の在り方を通して「遊海島記」と通底するものがある。僕は、二〇一一年の東日本大震災のときに、遠野というまちが注目された際、改めてそのことに思いを馳せてしまった。

また、漫画家水木しげる（一九二二-二〇一五）の妖怪物は、『遠野物語』へのオマージュという人もいる。オマージュとは文化を創造するときのひとつの手法だ。先人たちの手によったものに対して、大きな敬意（リスペクト）を寄せながら、決してそれを単純に真似てパクる（エピゴーネン）のではなく、自己のなかで消化しつつ昇華していく（またおやじギャグ？）

ことで、文化創造を高め独自なものへと高めていくことである。

短歌や俳句が存在するとき、そのオマージュとして狂歌や川柳が生まれる。そしてそこには、時として権力に対しての抵抗や批判が含意され、人々の気持ちを和らげてきた。最近の例では、星野源の動画に便乗したソウリダイジンの優雅なオウチ風景に巧みに反応した芸人・たむらけんじのそれは、川柳を思い出させてくれた。

こういった手法の名手だったのが、東北（山形県）生まれの作家・井上ひさし（一九三四－二〇一〇）である。彼の作品の多くにその真骨頂が表われている。『吉里吉里人』（一九八一）は、日本という国（とその政策）に対する、大いなる狂歌・交響詩である。彼には『新釈　遠野物語』（一九八〇）という作品もあるが、いうまでもなくこれは、柳田の『遠野物語』へのオマージュだ。併せ読むのも一興である。

なお柳田の『遠野物語』自体も、遠野の民話や怪異譚、そしてそれらを柳田に語った語り部や、遠野出身の文学青年で、早稲田大学に学んだ佐々木喜善（一八八六－一九三三）へのオマージュでもあった、ということを付記しておきたい。

なお、井上ひさしといえば、本拙著の前半で紹介した「むずかしいことをやさしく、やさしいことをふかく、ふかいことをおもしろく、おもしろいことをまじめに、……」という不思議ともいえる言葉の力を、今一度想起しておいてほしい。

2　さらに「文化政策」について、柳田とともに

「民俗学」の発想を「文化政策」に

柳田國男というわが国の近現代を代表する思想家・碩学の名を繰り返す。『遠野物語』（初出：一九一〇年）に触れたことのある人は、「日本民俗学の創始者」というイメージを持っているかもしれない。ただ、私はすでに先に、彼の「政策思想は、わが国の政策科学を学ぶうえで、不可避な峻嶮」と表現した。柳田が日本民俗学の父と称されることには異論はもちろんない。（【資料】「柳田國男の啓示」の「一」に紹介した、彼の高弟である折口信夫《おりくちしのぶ》（一八八七－一九五三）の言葉に関わる部分を参照してほしい。）

そもそも、「みんぞくがく」と日本語で発音するとき、「民俗学（folklore）」と「民族学（ethnology）」の二種がある。その違いと共通点は、また別の機会で話したいと思うが、柳田が「日本民俗学」という言葉に市民権を与えたあとも、民俗学というと例えば「屋根裏部屋に眠っている古いものを、好事家のごとく見つけ出してきて、悦に入る」というイメージで語られてきたきらいがなかったとはいえない。もちろん、「屋根裏部屋の古い思い出の品々を見つけ出すことで、懐旧の念とともに思わず微笑んでしまう」という経験は、特に年配の人には多

くあるのではないだろうか。「回想法」という、高齢者の認知症予防やケアのための手法として、この発想はしばしば活用されており、ひとつの「文化政策」ともいえる。

さて、柳田が求めたフォークロアとは、未来のより良き暮らしに資するための学問であり、いわば「公共民俗学（public folklore）」であったといえる。その意味でも、彼の政策思想は、わが国の公共政策（とりわけ、文化政策や観光政策ということになるかもしれないが）について考察するうえで、必要不可欠なものと考えたい。

そしてさらに付記することになるが、フォークロアが「回想法」として活用されたとき、これはまさに「福祉文化政策」という大切な公共政策へと昇華していくのである。

フォークロア的な「文化政策」

音楽の先生との出会いから、柳田を知ることになったのであるが、同じ中学三年生のときの国語の先生との出会いについても記したい。

阿部秀彦先生という。彼はびわ町富田（現：滋賀県長浜市富田町）の、おそらく庄屋クラスの豪農の末裔だったと想像する。彼の自宅には中学生の頃に数度お邪魔したこともあった。授業はユニークで、良い意味で「学習指導要領」を逸脱する部分があり、毎回のように手書きのガリ版刷りのプリントを配布し、五十分間のうちの最初の十分は「私家版：日本近現代文芸史」の講義で始まった。これがとても面白く、「三田文学」や「稲門文学」などという言葉は、普通の田舎の中学生では絶対知り得ないような話であった。そしてそれ以上に知り得ないものと出会えたことがある。

上述した「屋根裏部屋の宝箱」のような存在がまさにそれだった。彼のうちに数度お邪魔したと記したが、そのときのことである。土蔵の中に、江戸時代末期であることが墨書された人形浄瑠璃のカシラをはじめとした小道具、大道具一式を見せてもらったのだ。

細やかでも、住民主導の「文化政策」

発端はまさに江戸末期、天保年間（一八三一－一八四五）のことであったというが、阿波の国（徳島県）の人形浄瑠璃の旅芸人一座がある冬の日、冨田村にやってきて興行を張った。

こういった興行は、冨田村にだけ特有のものではなく、地域住民の人たちの間での楽しみとして、例えば祭の後の余興など様々な形で、歌舞伎や浄瑠璃等の旅芸人を誘致してそれを行ない、やがては集落の人々が真似て行なうようになったのではないだろうか。このようないわば「地歌舞伎」と呼ばれる、まちづくり・文化政策は江戸時代の半ばには少なからぬ地域で実演されていたようで、裕福な集落などは「農村舞台」を造営し、あるいは曳山を引いてその上で子供歌舞伎を上演する等々のことが展開されていた。これを近現代にまで継承してきた例も少なくない。巻末資料「柳田國男の啓示」の「二－①」を参照してほしい。これは、柳田の「遊海島記」の一節であるが、三重県神島での事例が紹介されている。

江戸や大坂、京、尾張などの都市部では、娯楽文化も盛んに展開されていたが、そうした類のものが普段は皆無に近い農山漁村にとっては、住民がこぞってワクワクする文化イベントだったと思われる。しかも、それはある意味で「都市と農村との文化交流」でもあったのである。そして住民自らがお金を出し合い、住民主導で展開した細やかな文化政策であったのではないだろうか。こうした農村舞台は、今も現存しているものも少なくなく実際にイベントとして展開されているケースもある。南信地域（長野県飯田市周辺）や東濃地域（岐阜県美濃エリア）は有名である。

冨田地区に、舞台こそ残ってはいないが、阿部先生の実家の土蔵にあった一連の道具類はまさにその事実を物語っているのである。

冨田人形共遊団、細やかな地域文化がやがて世界に

さて、旧びわ町の冨田地区は今は戸数二十、人口八十人足らずの小さな集落である。その村にこのような伝承が残っている。「天保6年あるいは10年に、阿波から巡業に来ていた人形芝居の一座が、北冨田において雪にふりこまれて興行不能に陥って帰りの路銀の代償として、人形のカシラや道具のたぐいを残していった」（冨田人形共遊団のパンフレット「冨田人形」）。

これはまさに、「民俗学」で語り伝えられるような世界であるが、その後の現代にまで至る経緯は、「公共民俗誌」として地域から始まる小さな文化創造としての「文化政策」だと私は

思っている。

その経緯を概略ながら紹介しよう。浄瑠璃一式を残された村人たちは阿部家を中心に自分たちの見様見真似で、住民の余興のため人形浄瑠璃の興行を定期的にやってみようということになったという（これが、天保年間の頃であったといわれている）。この細やかな文化活動は、地域のなかで昭和の時代となっても継承されていく。しかし、高度経済成長期にいたるとそれも廃れていくことになる。農村芸術・農民芸能の担い手たちが、産業構造の大きな変容のなかで、就業形態も激変して兼業化さらにはサラリーマン専業化していく流れのなかで、人形浄瑠璃の練習と興行を行なうことが困難に瀕していき、中断を余儀なくされてしまったのである。

そしてそれを復興させたのが阿部先生たち地域の有志の人々の思いであった。一九七九年（昭和五十四）、二十代から四十代までの地域の男女十五人が「冨田人形共遊団」という任意のまちづくり団体を立ち上げ、その復活に挑んだのである（阿部秀彦団長）。彼らは、地道な努力を熱心に続け継続の光を灯し続けた。その十年後、ひとつの大きなことが起こる。一九八九年（平成一）に、琵琶湖岸に米原町を挟むようにして立地する彦根市に「ミシガン州立大学連合日本センター」が設立された（ミシガン州は、滋賀県と姉妹提携を有している）。

ミシガン州からやってきた留学生たちは、自転車を軽やかに駆使し琵琶湖岸のフィールドワークに勤しんでいた。そしてそのうちの何人かが冨田人形共遊団の活動に大きな関心を示し、阿部家を中心に民泊し、人形を扱いながらの浄瑠璃の実践にも参画するようになっていった。

このことが、やがて米国、そしてヨーロッパの国々にも関心を及ぼし、冨田人形に関わる旧びわ町冨田の人々は、海外にも講演旅行を挙行するにいたるのである。

行政も賛同し、このまちづくり運動に呼応するかのようにして、一九九九年（平成十一）に「びわ町立文化学習センター・リュートプラザ」（現：長浜市立）を設立した。三五〇席を有するホールは船底舞台を備え、袖舞台右舷には太夫と三味線の座が設置できるように設《しつら》えてある。

まさに、現代に蘇った「農村舞台」である。もちろん「共遊団」は今もその活動と興行を継続させており、限られた予算のなかで（例えば、大企業からの支援があるわけでもなく）、生活史そして生活誌のなかで生まれ大切にされてきたこの地域文化・地域芸能活動を絶やさぬようにと、公演を定期的に行ない日々努力しているのである。

考えるヒント

農山漁村の小さな文化創造が、やがて国際交流へとつながっていく文化の力、それを継承していこうとする人々の思い、それを支援していこうとする行政の努力等々、こうした例は、国内にも少なからずあるに違いない。そんな事実に思いを馳せてみたい。

そして、現存する「農村舞台」の存在と分布について、今はまずネット検索しかできないかもしれないが、その事例をいくつか探ってみたいものである。そしてその周辺の地域文化や地域経済との関係性を想像してみたい。

『時代ト農政』をヒントに考える

さてこの「富田人形共遊団」の事例を通して、小さな町の細やかで小さな文化創造が、やがて世界にも広がりうるという事例を確認したわけである。地方地方いたるところで「地歌舞伎」「農村舞台」に象徴されるような住民主体の「文化政策」「文化創造」が展開され、継承継続されてきたという事実を私たちは認識しなければならない。「柳田國男の啓示」六-①において、『時代ト農政』（一九一〇）の一節を引用しておいた。その一言をヒントにさらに解釈するならば、地域社会にはその地域社会が拠って立ち、背負ってきた歴史というものが必ず存在する。それが、地域社会の文化創造に大きな役割を果たすこと、果たしてきたことを忘れてはならない。そのことを忘却して、著名な都市やその都市の「文化政策」の成功事例を単に模倣する姿勢（エピゴーネンという言葉を思い出してほしい）こそが、柳田が戒めようとした「流行や模倣では田舎の行政はできぬ」という言葉にもつながる。「ゆるキャラ」や「B級グルメ」という言葉は、やがて死語となるであろうし、またそうあってほしいとも思う。逆に柳田のこの言葉は、百年以上を経過しても、私たちの心に重く突き刺さり、死語となることは決してないだろう。

3 「文化資源」について考える

文化政策を語るうえで「文化資源」という言葉は重要なキーワードとなるだろう。例えばであるが、「金融政策」を語るうえで「金融資本」が重要なキーワードであるように……。

そこで、「文化政策」について、「文化資源」を文脈のなかで使いながら、私なりに定義してみたい（地域社会を念頭に）。

文化政策と文化資源

「文化政策とは、地域の常在の文化資源を活用した公共政策であり、それを通して地域の福祉水準（幸福度）を向上させるものでなければならない。そこにおいては、地域蘇生を通した地域発展に寄与することも期待される。」

さらに地域社会における文化資源とは、「ハード・ソフト・ヒューマン」という三つのウェア、すなわち「モノ・コト・ヒト」によって構成されるということ。そしてそこに、歴史性という時間軸を加味し、将来の展望へとつなげていかなければならないものであるということを付記しておきたい。

「オルタナティブ」（alternative）であること

文化政策とは、オルタナティブでなければならないとしばしばいわれる。この英語を、日本語の一言で表現するのは難しいかもしれないが、これも以前に伝えた、ステレオタイプにはならないということを含意している。

例えば『広辞苑』の第六版を引用すると、「既存の支配的なものに対する、もう一つのもの。特に、産業社会に対抗する人間と自然との共生型の社会を目ざす生活様式・思想・運動など」という解釈が示されている。

ある意味では、上述した柳田の『時代ト農政』の一節に通じるところもある。また、アップデートな事例でいうと（必ずしも文化政策のみでの話ではないが）、政府の緊急事態宣言に対する、吉村知事の「大阪モデル」という施策は、国の政策に対するオルタナティブな提案であったといってもよいだろう。

「観光政策」でしばしば使用される用語のひとつに「オルタナティブ・ツーリズム」という言葉がある。これは、一九八〇年代に入る頃に、「マスツーリズム（観光商品の大量生産・大量消費）」という言葉と現象に対峙しながら生まれた概念である。観光公害を許容してしまった産業社会に対しての反論でもあったといえるだろう。ただし、これは「マスツーリズム」を排撃し、ねじ伏せ、この世からなくしてしまおうという意図や意味からのものではない。

もうひとつ、話題を提供しよう。「スローフード（運動）」という言葉が話題となったことがある。ブラというイタリアの小さな町から生まれた小さな農家の生産性を守ることに端を発した運動である。世界を席巻したマクドナルドに代表されるような「ファストフード」に対するアンチテーゼでもあるが、小農の生産と人々の健康を願うこの運動は、決して「ファストフード」を暴力や力でもって排斥することを試みたものではない。いくつもある選択肢（回答例・解答例）のなかから、さあ君なら何を選択しますか？という提案でもあったのである。これが、オルタナティブということでもある。

「リトルトーキョー」「小京都」と地方都市、地方のまち

一九五六年（昭和三十一）の『経済白書』は、「もはや戦後ではない」と高らかに謳いあげた。世界史上未曾有ともいわれることになるわが国の「高度経済成長」の幕が切って落とされ、国家の政策として一九六一年（昭和三十六）に、時の池田勇人《はやと》内閣による「高度経済成長政策＝国民所得倍増計画」が推進されていくこととなった。これは、明治維新後の文明開化の時代に次ぐ、二度目の文明化のきわめて速度の速い進展であったと思う。「三種の神器」「３Ｃ時代」「名神高速道路全開通（一九六四年：昭和三十九）」「東海道新幹線開通（同年）」「東京オリンピック（同年）」「大阪での世界万博（一九七〇年：昭和四十五）」……等々、すべてこの間に展開した、大きな生活革命でもあった。すべて急速な文明化がこれらを後押しした。

「少しでも早く遠くへ、そして見た目を綺麗に！」およそ、オルタナティブであることを許容しないかのように、画一化した社会が進展していった。とりわけ画一化が進展した太平洋側の地方は「表日本」と呼ばれ、相対的に進展が遅れたかのような地域が多かった日本海側は「裏日本」と呼ばれた（もちろん、進んでいたから「表」、遅れていたから「裏」と呼ばれたわけではないが……）。

小学校四年生のときの話を以前にしたが、その年（一九六五年：昭和四十）の社会科の教科書に「表日本」「裏日本」という表記がはっきりと明記されていたことを昨日のことのように思い出す。この頃多くの人たちは、「表日本側」は文明も文化も著しく進展し、それに対して「裏日本側」はともに大きく後れを取っているという、大きな誤解に陥っていたのかもしれない。

地方都市が画一化を始めるのはこの頃であったのかもしれない。駅舎と駅前の風景もロードサイドの風景も、目隠しをされて連れてこられてそれを外されたときに「ここはどこのまち？」状態となってしまった。地方都市はこぞって「小さな東京化」を目指したのかもしれない。

これではいけないと思う人たちは必ずいる。それが、文化力を推進する。千里が丘で、「太陽の塔」をシンボルとして、大阪万博が開催された一九七〇年頃から、そのような動きが起こり始める。僕が、自身の生活誌のなかでこの「万博」の頃の印象に残っているのは、「ディスカバージャパン・キャンペーン」（旧国鉄&電通）と「京都」への注視、そしてそれに連動するかのような「ご当地ソング」と「小京都」ブームである。

僕はかつて「裏日本」と呼ばれていたまちが好きだ。好んで訪れもする。金沢は好きなまちのひとつである。このまちでよく耳にした言葉が、「わが町金沢は、一周遅れのトップランナー！」である。誇りを込めてまちの人たちは、こういう。

おまけで、肩がこらない面白い本を一冊紹介しよう。本書、第三章一一五－一一六頁ですでに紹介はしたが。酒井順子『裏が、幸せ。』（小学館文庫、二〇一八年）、文庫版御裏表紙に、この本を紹介した一文がある。その一節を少し引用しておこう。「……これまでの太平洋側中心の価値観に、見事に風穴を開け、大反響を得たエッセイ。……痛快な日本文化論です。」（本書、第三章参照）。

4　文明と文化の差異

その差異はどこにあるのか

さて「文化資源」「オルタナティブ」などをキーワードにしながら、「文明と文化の差異」そしてそれに関わり、かつて（私たちが小学生の頃）普通に使われていた「表日本」と「裏日本」の文化の間に、「遅れていた」「劣っていた」という言葉で表現できるようないわば優劣の差があるのか……ということを問題提起したつもりだ。

「オルタナティブ」という言葉は、少しばかりわかりにくかったかもしれない。この言葉は、すでに述べたように「文化政策」の在り方を考えるうえで、とても大切な概念だ。カタカナ語はあまり使わないはずだが、日本語の一語で表現するのは難しいということも、記した通りだ。

そこで例えば、方言というものについて考えてみよう。これは地域文化のひとつの特有な現象形態であり、「コト」と「ヒト」が織りなしてきた文化資源であるといってよい。標準語に対して、「京ことば」は「オルタナティブ」なものといえるだろう。そしてさらにいうならば、方言同士でも互いに「オルタナティブ」な要素が存在する。「京ことば」と「尾張ことば」、かなり違う。これをまたさらに「津軽ことば」と対峙させたら、三者は同じ日本語か？と思うぐらいの違いがある。しかし、紛れもなく同じ日本語なのである。すなわち、「まったく違う言語である」と峻別することはできないだろうし、ましてや「京ことば」が一番優れていて……という形で優劣をつけることはできない相談だ。身びいきや好みの違いはあっても、客観的に優劣をつけることはできないのである。それは、文化であるからがゆえで、文明ではないからかもしれない。

また「オルタナティブ」について、考えていただく材料として、「文化政策」に直接関わる文献ではないものをヒントに、ある本の一部を引用してみたい。

……マルクス主義が現代を解明する能力を失いつつある証拠とも言えた。大衆社会論はマルクス主義に対するオール（ママ）タナティブという面のほかに、近代的な政治理念への批判者という面を有し、この文脈は「市民社会から大衆社会へ」というフレーズでしばしば表現される。……（森政稔『戦後「社会科学」の思想』ＮＨＫ出版、二〇二〇年）

前後の文章がないとわかりにくいかもしれないが、大衆社会論がマルクス主義を全面的に否定しているのではなく、批判的に継承しながらそれをより良き視点に置くことで乗り越えようとしているのだ。

さらに「文明と文化」の差異を考える

改めてここで、まさにオルタナティブな視点を念頭に、「文明と文化」の類似・共通点と差異について、「文化資源」という概念を踏まえつつ考えてみてほしい。そして、それを通して「文化政策」について、その在り方を考えてみたいと思う。

文明と文化、確かによく似た言葉である。例えば小・中学校の教科書や授業では（さらには、時として高校でも）、同じような捉え方で教授がなされてきたかもしれない。しかし、大学生となったら、両者の類似点よりも差異を考えることがより大切になる。

例えば、であるが、

（1）日常使う言葉から考える（若い人たちにとっては、死語かも。特に後ろ二つは）

・「文明の利器」（○）と「文化の利器」（×）
・「文明産業」（×）と「文化産業」（○）
・「文明資源」（×）と「文化資源」（○）
・「文明住宅」（×）と「文化住宅」（○）
・「文明包丁」（×）と「文化包丁」（○）

この五つの言葉の組み合わせをそれぞれ対比させて考えてみたい。ここでは、文明も文化も言葉として使用されることで、ニュアンスの違いはあるとしても、一般には（○）のような使い方はされるが、（×）のような表現は、まずないのではないか。下二つは、実は微妙な用語で（○）はともに、決して高所得階層ではない一般市民を、揶揄し（時として、上から目線で慰めるような）言葉であるような気がしてならないが、とりわけ「高度経済成長政策」が推進されていた頃に、私は（まだ小学生であったが）暮らしのなかで、よく聞いた記憶のある言葉である。さらに、付記すると、「文化住宅」や「文化包丁」は安価で手に入りやすいものの象徴であった。それでいて、コストパフォーマンス（費用対効果）はそう悪くはない。「安かろう、悪かろう」という世の風潮に対して、決してそうではないという意味を込めて、そしてなんとなく高級感があってありがたく感じられるであろう「文化」という言葉を、冠にしたのではなかったかと推測する。高度成長期よりも二十年以上も前に、柳田國男が「たのしい生活」（一九三一年）という講演のなかで、すでに「文化」が安易に使用され、誤用されることに懸念を抱いていたのは、上記したような捉え方が、一層広がることを危惧していたのかもしれない。

「文明」的成長と「文化」

さて明治維新後、急速に進むわが国の「近代化」は、「文明開化」の掛け声とともに進展し、やがて「近代化」は「西洋化、あるいは西欧化」と混同されていくことで、「アジア的停滞」から脱することが、焦眉の急と考えられていた。福沢諭吉（一八三五－一九〇一）ら、当時の先進的な啓蒙思想家が目指していた「脱亜入欧」（日本は、亜細亜から脱却して欧羅巴の仲間入りをしようよ！）は、その頃に「流行語大賞」があったとすれば、一位を得たかもしれない。

こんな風潮が続くことに異議を唱えたのが、夏目漱石（一八六七－一九一六）である。漱石は、一九一一年（明治四十四）八月に和歌山市で「現代日本の開化」という講演を行なった（主催：朝日新聞社）。この講演は、現在文庫化されており読むことができる（『漱石文明論集』岩波文庫）。

重要な部分を引用しよう。「**我々の遣っている事は内発的ではない、外発的である。これを一言にしていえば現代日本の開化は皮相上滑りの開化であることに帰着する。**」

漱石のこの一文には、「文明」という言葉も「文化」という言葉も出てこない。しかし、ここからその違いを読み取ることができるはずである。

「文明」的成長・発展は間違いなく可能である。それをどのような手段・手法を用いるかという、その流れのなかで「文化」力が問われるのである。また、「文明」が成長・発展するようには、それと同時に「文化」が成長・発展するわけでもない。いやむしろ、「文化」は変容こそすれども、成長・発展という概念とは少し違うのではないかと、私は思う。

私は、鉄道を使って旅をすることが好きなので、それに絡めた例で話してみよう。

かつて、『経済白書』は「もはや戦後ではない」という一節を掲げ、これが話題を呼んだ。一九五六年（昭和三十一）のことである（これも、当時あったならば「流行語大賞」級のヒットだったと思う）。時あたかも、高度経済成長のとば口にわが国は立っていた。その年に、おそらくわが国初だと思われる寝台特急の「あさかぜ」が「東京－博多」間で運行を始める。所要時間は、およそ十七時間三十分（なんと、二〇〇五年まで走っていた！）。飛行機を使わずに、しかも乗り換えずに東京－博多間を行き来できるおそらく最速の交通手段だったと思われる。この開発は、まさに「文明」の力である。「より早く、より遠くへ」を求めることは、文明のテーマのひとつなのだから。

やがて、その「文明」力が進化・発展したからこそ、現在では「東京－博多」間をJR活用で、最速およそ三時間四十分で行くことが可能となった。これもまさに、科学技術を駆使した「文明」の力といえるだろう。さてそこで、駅弁の話をしたい（なんとも、唐突だが）。

例えば、東京駅の構内に全国の著名な駅弁を購入することができるコーナーがある。東京駅へ行けば、その日のうちに北海道・森駅の「烏賊めし弁当」も広島・宮島口の「穴子弁当」も一度に購入できてしまう。これはまさに、輸送技術と生産技術の進化という「文明」力の恩恵である。しかし、地域特有の食材を活用し、味や彩を工夫しひとつの「駅弁」としてそのまちでのみ買って購入し、車内でペットボトルではなく、独特の茶筒に入ったお茶とともに食するという一連の行為には「文化」という固有価値が、底流としてあったはずである。

このまちのこの駅のプラットホームでなければ、そして駅弁をホームで歩きながら販売してくれるオジサンがいなければ買えなかったという（私は、美濃太田駅の釜めしを連想してしまう）、「文化」のひとつの特徴が確かにあった。しかしそこには、確かに今とは違う不便さもあった。ただ、この不便であることも「文化」にとっては必要な部分であり、「文明」的に便利になったことで損なわれていく文化もあるに違いない。新幹線や現代的な特急列車は当然だが、在来線の電車も車窓は基本的には開けることができなくなっている。それは、より速く走るためにも必要不可欠な工夫としての技術だったのだろう。しかしその代償のひとつとして、プラットホームで駅弁を販売、車窓を開けてそれを購入し、駅弁売りのオジサンと一言そのまちや駅について言葉を交わす、そんな「文化」は、「文明」の便利さを代償にするかのようにして、失われていった。

例にとったお話が、少し冗長となったが、ついでにさらに余談・雑談をしたい（すでに本書の序章で記したことの繰り返しであるが）。

先ほど「寝台特急・あさかぜ」の話をした。この特急の存在に着目してアリバイづくりを考案して、一躍国民的作家・社会派ミステリーの巨匠と評価されるきっかけとなる作品を上梓した作家がいる。松本清張（一九〇九－一九九二）だ。

『点と線』（初出：雑誌『旅』に連載。一九五七年二月号－翌年一月号、〔財〕日本交通公社。新潮文庫に収録されており、いつでも読むことができる）という作品がそれだ。当時の高度経済成長期における政官民の癒着のなかで、いわゆるノンキャリの役人と寡婦が犠牲になる（今でもありそうな話であるが）。

さらに記すことになるが、清張の傑作といわれて久しい『砂の器』（初出：一九六〇年）という作品がある。『点と線』同様、何度も映画やテレビで映像化されたが（映画では一回）、これはハンセン病患者に対するいわれなき差別（社会科学的）と方言周圏論（人文科学的）が、大きなモチーフとなっている。

清張は、稀代の読書家だった。そしてその読書力と旅というフィールドワークを通して幾多の作品を描き上げた。その旅の途中で出会った（島根県大田市大森で）義肢製作会社の社長夫

婦と懇意となり、彼らにこんな言葉を残したそうである

空想の翼で駆け　現実の山野を往かん

不遇と鬱屈《うっくつ》の時代が長かった清張である（本格的な作家活動に入るのは四十歳の頃から）。それゆえに、市井に生きる人々に対する限りなく優しい眼差しが、作品にもフィールド調査時にもあったに違いない（本書序章二〇頁を参照されたい）。

5　「文明」的挫折と「文化」の力

挫折と「癒し」と……

まず、前述の夏目漱石の警鐘を今一度玩味してほしい。「外発的で、皮相上滑りの日本の開化」というものは、表層だけ西欧に追随するわが国の「文明開化」の現実に対する痛烈な批判でもあった。

文化という、奥底に響かなければならない深層の存在を忘却し、あるいは忘却を偽装し、「脱亜入欧」を図ろうとする国家の在り方に、漱石は忸怩《じくじ》たる思いを抱いていた。煉瓦造りの建造物や瓦斯灯……（今の私たちがこれを観れば、レトロなその装いに、郷愁に似た思いに駆

られるのであろうが、当時は「ハイカラ」の象徴であった。多くのお雇い外国人を、高額の報酬で雇用した維新政府の政策は、日本人を「はいからはくち(※)」化するのに一役買ったに違いない。もちろん、卓越したお雇い外国人は少なくはなかったと思われるが、高報酬に見合わない人たちもいたに違いない(笑い話に近い卑近な例でいうと、日本のプロ野球の世界を想像してみるとよい。以前とは大分様相は変わったが、私たちが子どもの頃は、「元大リーガー」という触れ込みでやってきて、大した働きもできずに辞めていく……という例は少なくなかった)。

なお、当時の卓越したお雇い外国人ということで一例をあげると、ラフカディオ・ハーン(一八五〇－一九〇四)を忘れてはならない。(参考図書❷一三六－一三八頁参照)彼は来日して、旧制の松江中学校(現在の松江北高校)の英語教師として勤務することになる。その後、旧制第五高等学校(現在の熊本大学)、そして東京帝国大学と歴任した。日本をこよなく愛した彼は、小泉八雲として帰化し日本人となる。

漱石は「内発的ではない」と政府の政策を看破するが、ハーンは日本文化の内発性に注目し、光を当てようとした数少ないお雇い外国人のひとりであった。

「内発性」というキーワードについては、追ってまた考えたいとは思うが、柳田國男の思想は、日本の文化や経済社会に存在する内発性を、日本人に呼び覚まそうと試みたものである。皆さんは、彼の著作『遠野物語』(参考図書❶ⅳ－ⅴ頁参照)については、読んではなくともその存在は聞いたことがあるに違いない。その序文冒頭で彼は「この書を外国に在る人々に呈す」と記した。この書の初出は、一九一〇年（明治四十三）であるが、漱石が和歌山で行なった講演は、一九一一年のことである。また柳田と一時親交を結んでいた南方熊楠（一八六七－一九四一）が明治政府の神社合祀令に異を唱える前夜のこととなる（参考図書❶第6章「南方熊楠の地平」参照）。漱石・柳田・南方という同時代の知の巨人たちがそろって、日本そして地域の内発性をその思想と実践を通して強調していたということは非常に興味深いことである。

（※）「ハイカラ」と「はいからはくち」について。「ハイカラ」とは、完全な和製英語である。余談だが「ナイター」も和製英語。「はいから」は、「お洒落なこと、人」を言った言葉だが、「はいからはくち」はそれが転じて、「西洋かぶれで頭が空白になってしまった人たち」を揶揄している。はくちとは「白痴」という漢字をあてるが、今は使ってはいけない言葉となっている（もちろん、ゆえに「放送禁止用語」）。「ハイ」とは“high”、「カラ」とは“collar”から連想しての造語である。明治維新となって、日本人が洋服を着るようになって、「襟」の付いたシャツが普及していく（幕末の激動期頃から襟付きを着る人が出てきた）。とりわけ、襟高はお洒落だと思われたようである。「はいからはくち」については、（参考図書❶iii頁）を参照してほしい。伝説のロックバンド「はっぴいえんど」の楽曲のひとつに「はいからはくち」があるが、ここに、作詞者の松本隆の思いが込められていると思われる。

文化の力とコロナ禍

コロナ禍の時代、「文明」的挫折を乗り越え超克し、そしてそのために「癒し」が求められるとしたら、それは「文化」の力では？

少し情緒的な表現であるが、人は地域は、あるいはひとつの国は、おそらく「文明」的な挫折に瀕したときに、「文化」に立ち止まり、その是正に向かおうとするのではないだろうか、と私は思う。

「文明」的挫折、と一言でいってもいろいろなケースが考えられるだろう。

一見関係がなさそうにみえるかもしれない自然現象や自然災害等の発生は、良きにつけ悪しきにつけ、「文明」の側面に大きな影響を与えるだろうし、あるいはひた走り突き進んできた「文明」の進展は、時として大きな暗礁にのりあげてしまう。

阪神大震災、東日本大震災……そしてあるいは現今の新型コロナ禍、その以前と以降を想起してみたい。「文明」的被災に対して、人は「文化」の力で勇気や元気を回復しようと試みてきたことは、間違いなくあったはずだ。

すでに記したことではあるが、わが国の現代史の大きな一ページを刻み、世界史的にも「未曾有」といわれた「高度経済成長期」(政府の政策的にということでいえば一九六一年以降、そして一九七三年に終焉)の日本は、その文明社会を大きく変え、文化にも多様な変容を余儀なきものとしてきた。

当初どのように優れた政策でも、経年変化のなかでやがて矛盾をきたし、それが拡大していくことで修正が求められ、改変・是正されていくものである。そこにも、文化の力と人文知のありようが求められるということを忘れてはならない。さらにいうならば、文化の力は私たち普通の市民・国民の声が大きな助力となるのだ。それに耳を傾け、政策を軌道修正しようとするときに、政治家や官僚、そして国家の首脳・首相の人文知の所在の可否が問われることも紛れもない事実である。

高度成長期において、いわば「常春」を謳歌していたかにみえるわが国の社会経済や文化にも大きな矛盾が生まれてきたということは、否定できないことであった。その矛盾ももちろん、多種多様だったはずであるが、上記下線部に即して、一例のみ挙げたい。

一九七〇年前後から、全国各地で市民が中心となって町並み保全・保存のための声を上げ始め、運動をおこし活動へと転換していく（例えば、小樽・馬籠・妻籠・足助・有松・近江八幡・倉敷・内子・柳川・湯布院……）。これらの運動は、決して国や首長が推奨推進したわけではなく、地域のなかで普通に生きてきた普通の市民である人々が、声を上げた結果であった。しかもこれらのまちの運動というものは、当初は互いに連携していたわけではまったくなく、同時に多発的に共時的に生まれてきたのである。私が記した「誌心」という文脈を想起してほしい。そして、このようなまちにおける運動と活動の展開は、まさに時代の良心だった。

一九七四年（昭和四十九）には、全国にネットワークを結ぶ市民団体「全国町並み保存連盟」が結成された。こうした人々の良心と知恵が、国の政策をも動かしたのではないだろうか。一九七五年に「文化財保護法」が改正されて、「（重要）伝統的建造物群保存制度」を制定した。これは「文化政策」と「まちづくり」「まちつむぎ」の大きな里程標だったと考える。

そしてこの前後の頃には、サブカルチャーをも含む様々な文化の場面で、時代の文脈を象徴する、興味深い現象が多く生まれた。

時代の良心と「まちつむぎ」

さて直前で、小樽から湯布院……といくつかのまちを例示した。これらのまちに共通していえることは、翻弄される「文明化」が、時として小さなまちの歴史をも飲み込み、画一化されていこうとする現代社会の現代文化に、一定の懸念を体で示した「時代の良心」であったに違いないということである。

これらのまちが、「まちづくり」で大きく注目されることになる時代背景を、簡単かつアバウトに振り返ったうえでさらに考えてみたいと思う。なお「まちづくり」という言葉は、この時代、すなわち一九七〇年代にいたって、しばしば使用されるようになった。ただその発端は、一九六〇年代前半の名古屋市、車道商店街の人々の活動が発端であったともいわれている。私は、「現実のゼミ」のなかでは、十年以上も前から「まちつむぎ」という言葉を、あえて使用することにしている。発端は、ゼミ活動の一環で長野県飯田市でのフィールドワークがきっかけとなっている。

それは地域のなかで、つむぎ出された歴史が重層的に折り重なっていくということの大切さを重視した言葉である。「まちづくり」という言葉も悪い概念ではないと思う。しかし、ソフト（コト）とヒューマン（ヒト）により力点を置いて捉える言葉として、「まちつむぎ」を理解してほしい。まさに、「史心・誌心・詩心」である。

そこに、何か新しいものを新たにつくりださなければならないという「強迫観念」は不在だ。右に記したいくつかのまちは、まさにそうであったに違いない。

さてそこで、まずは一九七〇年代初頭までの流れを、きわめて大雑把であるが概観したい。

6　政治の季節から経済の季節へ、そして文化を希求する季節へ

一九四五年（昭和二十）	敗戦
一九五〇年（昭和二十五）	朝鮮戦争開戦
一九五三年（昭和二十八）	朝鮮戦争休戦協定調印
一九五五年（昭和三十）	自由民主党結成。神武景気始まる
一九五六年（昭和三十一）	『経済白書』が、「もはや戦後ではない」と謳う
一九六〇年（昭和三十五）	政府・自民党「新・日米安保条約」を強行採決 総理は岸信介 全学連デモ隊が国会に乱入し機動隊と激突、このとき東京大学

文学部の女子学生・樺美智子が扼殺？される
「政治の季節」の末路

一九六一年（昭和三十六）
「高度経済成長政策〜国民所得倍増計画」施行
総理は池田勇人。「経済の季節」への転換

一九六四年（昭和三十九）
海外旅行の自由化、東京オリンピック開幕、東海道新幹線（東京―新大阪）開通、名神高速道路（名古屋―栗東間）一部開通

一九六五年（昭和四十）
アメリカが北ヴェトナムに爆撃開始

一九六九年（昭和四十四）
東大闘争、安田講堂陥落、東大入試中止
「三島由紀夫VS全共闘」討論会、駒場にて開催（この模様は、映像化されて上映された）

一九七〇年（昭和四十五）
日本万国博覧会、大阪千里丘陵にて開幕

一九七一年（昭和四十六）
沖縄返還協定調印、ドルショック（ニクソンショック）

一九七二年（昭和四十七）
連合赤軍・あさま山荘事件→学生運動の急速な低下に拍車

一九七三年（昭和四十八）
「変動為替相場制」に移行（それまでは、「固定為替相場制」で一ドル＝三六〇円、その後七一年に一ドル＝三〇八円になり「固定為替相場制」を維持していた）
高度経済成長は、事実上終焉に。成長の矛盾が、この頃顕在化

していき、批判や非難が激化↓「四大公害病」の社会問題化。朝日新聞の連載を契機に「くたばれGNP」が流行語になる……等々

一九七九年（昭和五十四）

この頃より、文化の意義を再考し希求する季節へ

文化人類学者・梅棹忠夫（一九二〇－二〇一〇）が、全国文化行政シンポジウム（於：横浜市）にて、基調講演「文化行政の目指すもの」を行なう

7　高度成長の真っただ中で芽生える、文化への思い

さて、いかなる時代もそのはじまりの頃は、夢と希望が優先し、矛盾は無きがごとき状態であったに違いない。しかし、その流れのなかでの「経年変化」は、矛盾を少しずつ生み始め、その矛盾を克服しあるいは修正するために、人々と時代は努力するはずだ。そしてその努力が、新しい時代を切り開いていくのであろう。

それは、一個の人間の人生も、ひとつの地域社会も、そして国家も同様のはずであるに違いない。いきなり突然線を引くようにしての変容などあり得ない、いささか、「弁証法的」かな、とは思うが。

さてそこで、参考図書❶があれば、開いてほしい。

第1章　柳田國男の警鐘（三四－八〇頁）
第2章　宮本常一の憧憬（八二－一一〇頁）
第3章　司馬遼太郎の葛藤（一一二－一三九頁）

柳田の生没年は、一八七五－一九六二年。宮本は、一九〇七－一九八一年、そして司馬が、一九二三－一九九六年である。上に記した「年表」様のものと併せて確認してみよう。

柳田は、政策としての高度成長が始まって間もなく亡くなっている。しかし、宮本も司馬も高度経済成長の時代は、しっかり見聞し生き抜いた。

しかし柳田の思想には、高度成長の矛盾やその後の社会を予見するような何かがあるのではないか。ここに「民俗学」の視座を基調とした彼の思想の現代的価値があり、本当の意味での「民俗学」の思想の大切さがある。思想を「ブーム」で捉えることは良くないことであるが、ブームとしての「柳田学」の再評価は、高度成長の矛盾が露呈したときや、左翼運動や学生運動が挫折したときに、それと併せるようにして起こっている。

成長の時代を生き抜いた宮本と司馬にとっては、同時代のその慧眼が現代においても強く突き刺さるものがあるのではないだろうか。

宮本の名作のひとつに数えられる『忘れられた日本人』の上梓は、一九六〇年（昭和三十五）のことである。

また、わが国の文化政策や観光政策を考えるうえでも重要な文献である司馬の『街道をゆく』の連載が始まったのが、『週刊朝日』（朝日新聞社）の一九七一年（昭和四十六）一月一日号からである。この作品は、すべて朝日文庫（朝日新聞社）に収録されているので、いつでもすぐに読むことが可能だ。第一巻は「湖西のみち」、最終巻は「濃尾参州記」（執筆中に亡くなり、絶筆となった）である。司馬の愛した近江路（滋賀）で始まり、そしてやはり彼が愛したであろう美濃・尾張・三河（岐阜・愛知）で終わっていることに、彼の人生の「詩」（「死」ではありません！）を想わざるを得ない。

近江を愛した司馬は、「近江散歩」の旅でも訪れているが、ここにおいて高度成長の矛盾を象徴するような姿となった霊峰・伊吹山を見詰めながら、「弥縫された文明」と断罪している（参考図書❶一二九－一三一頁）。

柳田・宮本・司馬の思想の底に流れているものは何だろう？

まさに「文明」と「文化」のディレンマ、あるいは「経済」と「文化」のディレンマをいかにして克服するべきかという、思想の格闘があったはずだ。これはまさに、「地域開発」や「文化政策」や「観光政策」にとっての大きな課題でもあるに違いないと私は思う。

少しアバウトである「高度経済成長期の現代史」を基軸として、「政治の季節」→「経済の季節」→「文化再考の季節」という流れが、確かに存在していたのではないだろうか。そして、参考図書❶に登場する三人の思想家（柳田・宮本・司馬）の存在について触れた。

とりわけ、経済にひた走った時代のなかでの挫折感と、彼らの思想との間に大きな示唆や関係性があるのではないか、ということである。

ところで、直前に「樺美智子」という名が出てくる。それに関連していうと、ある本が文庫化されている。興味ある人は、手に取ってみてほしい。

江刺昭子『樺美智子、安保闘争に斃れた東大生』（河出文庫）

また、同じく右に記したことであるが、三島由紀夫と全共闘の公開討論の様子、これに関連する書籍も何点かある。三島の思想を含め、興味ある人は探してみるのも一興だ。例えば、最近のものではこのようなものもある。二〇二〇年（令和二）の今年は、三島没後五十年に当たり、「三島ブーム」の観もある。

富岡幸一郎『天皇論――江藤淳と三島由紀夫』（文藝春秋）
井上隆史『暴流の人――三島由紀夫』（平凡社）
佐藤秀明『三島由紀夫――悲劇への欲動』（岩波新書）

経済成長という「文明」化と、それに疑義を唱えた左翼運動や学園闘争とその挫折が、高度な経済成長の終焉とともに時を刻もうとするなかで、「文化」を希求する動きが起こった七十年代と今はなぜか似たところがあるようにも思われる。

8　人文知と社会科学的暴力

人文知の重さ

そこで、上記したような「文化」への希求という問題である。文明化の挫折と、文化への回帰と、それを換言してもよいだろう。

参考図書❶では、柳田・宮本・司馬を語る前に、私はある経済史家のことを皆さんに伝えようとした。柳田・宮本・司馬は狭義の経済史家では決してないが、本当の意味での（広義の）経済史家であった、と私は思っている。「狭義の」というのは、「学問の世界」という蛸壺のなかで展開されるような、「学問のための学問」のような話のことだ。

例えばであるが、狭義と広義について語るうえでこんな言葉を紹介したい。柳田の高弟であった折口信夫（一八八七－一九五七）は、「先生の学問」というエッセイのなかで師匠・柳田の学問の特質について語っている。詳細（直接の引用文）は、参考図書❶三八－三九頁を参照していただければ幸いである。このような意のことを述べている。

すなわち、柳田先生の学問の基本は経済史学である、広い意味での経済史学であると。そして、経済史学だけではどうしても足りない部分があると考えた柳田先生は、神というもの（概念）の存在を発見し、フォークロア（folklore、民俗学）を志向することとなったのだ、と。

誤解を恐れずに、単純にいってしまうと、社会科学的思考を進めるにおいて（狭義の経済史学）、どうしても足りないものがあると考えた柳田は、フォークロアという人文科学的知見を通して、広義の経済史学をも構築したかったということを、折口は伝えたかったのだと思う。それが、後に「柳田学」と称されることになる、広義で学際的な政策としての学にまで発展していったのではないだろうか。すなわち、社会科学ということに拘泥した狭義の経済史学からの解放である。そのために必要であったのが、「人文知」という知見であったのではないだろうか。柳田の初期の著作（経済史学、文化政策、さらには地域観光を論じた処女作といってもよい）に、「遊海島記」（初出：一九〇二年）というエッセイがある。ここにすでに、そうした発露を見出すことができる（例えば、参考図書❶の三七頁参照）。一見、妖怪怪異譚と誤解されかねない『遠野物語』（初出：一九一〇年）もしかりで、地域経済と交流、そして地域文化の固有性の問題など、文化政策を考えるうえでの必読書かと思う。

社会科学的暴力

さてようやくここで、参考図書❶で皆さんに伝えようとしたある経済史家を紹介したいと思う。❶の「序章−3」（一一−二〇頁）をよく読んでみて欲しい（手元にない人は、恐縮です）。内田義彦（一九一三−一九八九）という名が登場する。彼はまさに、人文知を大切にした、ある意味で、わが国では異色の経済史家である。「ある意味で、わが国では異色」という表現をとった理由は、おそらく彼が活躍した時代とそれ以前からの他の経済史家と違って、唯一といっていいほど、西洋経済史学の「フェイク」「エピゴーネン」となることを拒否したからである。もちろん彼は、西洋の文献をもふんだんに読解していたが、それを輸入業者のごとく紹介することに終始するのではなく、日本と日本人とその暮らしのなかで、しっかりと咀嚼《そしゃく》しなければならないということを熟知していたのである。参考図書❶の「はじめに」の部分も併せ読んでほしい。学問も、いや学問こそ「はいからはくち」（❶のⅲ頁や一一頁）になってはいけないと思う。その過ちが、わが国の「社会科学的暴力」を招くのである。この点については特に参考図書❶の一八−二〇頁を参照してもらいたい。

内田義彦の学問

❶では、内田義彦の著書『作品としての社会科学』（岩波書店、初出：一九八一年）を中心に取り上げている。「社会科学的暴力」についても、この著書の中で内田は使用している。さてそこで、今年（二〇二〇年）六月に上梓されたある本を紹介したい。

山田鋭夫『内田義彦の学問』（藤原書店）

これがその本である。著者の山田鋭夫は、内田に私淑していた人である。私は山田の不出来な教え子で、最近はあまり会えなくなったが、数年前まで毎年春に名古屋のホテルで「山田会」なる同窓会をやっていたが、しかしそれはまったくの余談だ。

山田は、この本の冒頭で内田のことを、こう表現している。若干長くなるが、引用したい。

内田義彦（1913~1989）は戦後日本を代表する経済学者であり、そしてそれ以上に思想家です。しばしば、市民社会の思想家と呼ばれています。日本社会に自由、平等、人権、民主主義が本当の意味で根づくのを何よりも願ったからでしょう。

ただし、同じような考えの思想家は多数いるなかで、ほかならぬ内田義彦の内田義彦らしい思考の根源は何かと問われれば、生涯にわたって「生きる」ということの意味を探求し、掘り下げていったところにあるのではないかと思います。市民社会というものを、一

人ひとりの人間が日々「生きる」という営みの根源に溯って考えつめていったと言ってもよいでしょう。（Ⅱ頁）

「生きる」ということの意味と真摯に向き合い、格闘することは「人文知」を欠落してはあり得ないかと思う。「生きる」ことについて考え向き合うということは、自己のみではなく他者のそれをも慮《おもんぱか》ることができなければならず、そうでなければ単なるエゴイストではないかと、私は思う。

真の創造性とは

内田はこういう。

いまどき、外国の文献だけを引用したり、外国のものだけを精読して日本のものを読みとばすというようなことをしているのは、外国かぶれの名残りだといってもよい。……日本の経済とか社会にある近代以前のものは、日本の経済の発展を阻止する方向に働くものではなく、やたらに高度成長させる、近代ぬきの超近代を仕立て上げる作用をしていると考えております……（『作品としての社会科学』前掲、九－一一頁）

内田のこの指摘から、みなさんには、本当の意味で創造的に自己を「生きる」ということは、どういうことかと、考えてみてもらいたい。これは「真の創造性とは何か」という問いかけでもあり、ひとつの地域、ひとつの国家についても敷衍《ふえん》して考えることのできる問でもあるのではないだろうか。

唐突かもしれないが、夏目漱石（一八六七－一九一六）は、「現代日本の開化」（一九一一年、和歌山市での講演）のなかで「**我々の遣っている事は内発的ではない、外発的である。これを一言にしていえば現代日本の開化は皮相上滑りの開化であることに帰着する**」（『漱石文明論集』岩波文庫、三四頁）と看破している。内田の、上の指摘と通底するところがあるはずである。

また内田は別の本で、読書をするという行為に擬えて、このようなことをいっている。

> **論語読みの論語知らずといいますね。字面の奥にある「モノ」が読めてこなきゃなりません。本をではなくて、本で「モノ」を読む。これが肝心で、つまり、真の狙いは本ではなくモノです。まして、本に読まれてモノが読めなくなるような読み方では困りますね。**
> （『読書と社会科学』岩波新書、一九八五年、三－四頁）

内田の二つの文章と、漱石の一節を比較しながら読み取ってほしい。

「創造性」、昨今では様々な文脈のなかで、「クリエイティブ」という言葉が使われている。ここで横文字語をさらに敢えて使って本当に申し訳ないが、「エピゴーネン」（上記した言葉である）と「オマージュ」の違いを考えてみたい。前者には、創造性はまったく欠けているのに、それを勘違いして、「創造性がある」と自画自賛する人たちが、政治家にも学者にもいるような気がしてならない。漱石はもちろんのこと内田も「エピゴーネン」を嫌った。

念のため、具体的な事例の入った文章をひとつ示しておこう。

・中国の石景山遊楽園は、明らかにＴＤＬなどのエピゴーネンだね（笑）
・三島由紀夫の『潮騒』は、ロンゴスの『ダフニスとクロエ』へのオマージュでしょうか？

今一度、社会科学的暴力とは？

外国語文献に対しての、オマージュなきエピゴーネンにのみ終始した、当時のわが国の社会科学の現状を踏まえつつ、内田は厳しく「社会科学的暴力」と言い放つ。

歴史を法則的に、つまり社会科学的に歴史を取りあつかおうとすると、えてして完全に人間不在になりがちで、社会科学という言葉にはそういうイメージがまといつきやすい。

……社会科学的暴力という言葉を文学畑の人から聞いたことがあります。言葉を使わないにしても、そういう感じを持っている人は案外多いでしょう。そういう傾向が社会科学には確かにある。とくに、経済学はそうで、「経済学帝国主義」なんていいます。その経済学帝国主義に対するものとして「視座」という言葉がある。（『作品としての社会科学』前掲、一七‐一九頁）

社会科学の端緒にあり社会科学にも貫徹する「底辺としての文学」というようなものを考えるようになりました。……そういう母胎である文学――それを私は底辺としての文学という言葉で表現しておりますが……（同前書、七二頁）

内田は、別の書でさらにこのようなこともいっている。

社会科学的認識で得られるものは、芸術や宗教実践で得られるものとは違う。社会科学自体にそれ以上のものを要求すべきではない。しかし、社会科学という骨を持つことによって人間の行動はより柔軟に、認識の面でいえば人間の眼はより柔軟な眼に、なりうるはずのものであろう。ところが、社会科学のあり方はそうではなくて、むしろ社会科学によって眼そのものが硬直してしまっているのが現実ではないか。（『生きること　学ぶこと』

藤原書店、二六頁）

もちろん「社会科学」という枠組みには、まったく非はない。その援用の仕方によっては、「社会科学的暴力」という非が起こり得るのであり、時として「人文知」が不在となった場合に、往々にしてそれが生じるのである。

9　文化政策が創造的であるために

流行・模倣、エピゴーネン

「社会科学的暴力」や古典となり得ないような時流に乗っただけの西欧の思想・輸入学問の安易な模倣は、日本の（とりわけ地域社会の）真の創造性を阻害・疎外こそすれ、その成長に寄与することはほとんどないのではないかと私は思う。

それは、想像力が欠如した似非創造性だからであり、例えば自治体が執り行なう「文化政策」そのものがエピゴーネンと化してしまってはいけないのである。

漱石の言説、あるいは作詞家・詩人の松本隆が一九六〇年代半ばに使用した言葉、「はいからはくち」（参考図書❶、「はじめに」iii頁）に注意深く耳を傾けたい。西洋かぶれのエピゴーネンの再生産を地域社会に産まないためにも。
また、碩学・柳田國男の次の言葉も改めて思い出し、確認してほしい。

我国の如く交通の緻密な人口の充実した猫が屋根伝いに旅行し得るような国でも地方至る処にそれぞれ特殊なる経済上の条件があって流行や模倣では田舎の行政はできぬ……

（柳田『時代ト農政』初出：一九一〇年）

「真の創造性」再考と固有の価値

「文化政策」の導きの糸となる研究分野は、J・ラスキンとその盟友であったW・モリスを淵源とする「文化経済学」といわれている。「経済学」という概念が伴う以上、当然であるが、「価値論」は重要な意味を持つことはいうまでもない。A・スミスに始まる古典派経済学にとっては「労働価値論」が、K・マルクスの経済学にとっては「剰余価値論」が必須概念として大切なことからもそれは理解できることだ。
「文化経済学」においては、「固有価値論」が大切なものとなる。「文化政策」の実践においては、まちづくり（まちつむぎ）や観光振興がしばしばそのテーマとなる。すなわち、地域（社会）の固有価値が重視されなければならないのである。直前に引用した柳田の文章はまさに、地域社会における固有価値の大切さを伝えようとしているのである。

それをヒントに考えたときに、こんなことがいえるのではないだろうか。すなわち、あるまち（自治体）が、まちづくりと観光振興に取り組もうとしたときに、「無いものねだりをするのではなく、在るもの再発見」をしなければならない、ということだ。これは、決して「諦観」ではない。

柳田はまた、このようなことをいっている。これは、当時彼が非常勤で講義をした東京帝国大学での全学共通授業のなかでのことである。これも現在では、文庫化されており読むことができる一冊となっている（角川ソフィア文庫ほか）。

史心というものだけは、いかなる専門に進むものにも備わっていなければならぬことは、ちょうど今日問題になっている数学や生物学も同じことだと思う。……（柳田『日本の祭』初出：一九四二年。傍点は井口）

地域社会のなかで紡がれ、伝わり、継承されてきた歴史（経済史、文化史、生活史等々……）は、優れた暮らしの思想であり、ある地域にとっては他の地域にはない誇るべきものなのだ。そのことを無視しあるいは忘却を偽装することは、文化政策を論じ実践するうえで、とても不幸なことだと思う。まちづくりや観光振興に関わる事例研究やそれを論じた著作や雑誌のなかで、しばしばあるいはほとんどといってもよいほど、先進地研究と称した成功事例集のようなものをみかける。それを読むことは、まったく無駄ではなく、有益なことだとは思う。しかし、敢えて逆説的なことをいえば、「成功例は失敗例」と考えてみる眼差しを忘れてはならないだろう。A市の成功例をエピゴーネンのごとく模倣するまちづくりをB市が行なったら、その失敗はすぐに結果として表われてしまうだろう。A市の成功例がたとえどんなに優れていたものであったとしてもである。

皆さん、行政率先の「ゆるキャラ」や「B級グルメ」、あるいは「流行アニメ活用のまちづくり（コンテンツ・ツーリズム）」などで、辟易感を感じた経験はないだろうか？

「すぐに役立つことは、すぐに役立たなくなる」「百年かけて育てた木で、百年使える家具をつくりたい」そんな言葉をふと思い出しつつ、固有の価値と地域の創造性について考えてみてほしい。地域の固有価値と地域の創造性は表裏一体であり、どちらかが欠けたときには、片肺飛行は絶対に不可能である。無理に飛ぼうとすれば、まさにエピゴーネンの「はいからはくち」に終始するだけであろう。

地方創生と創造都市

さて少し長くなるが、ある一文を引用してみたい。

故郷はもはや陳腐なテーマどころではない。むしろ、極めてアクチュアルな焦眉のテーマである。ここには近代（日本）のさまざまな諸問題が集約されている。近代による近代の克服という自閉的な欺瞞のシステムが、もっぱら根本的な矛盾や、そこから生み出される産廃物や借財を隠蔽し、先送りにすることによってしか維持できないことが判明してしまった今日、「地方創生」などというおためごかしの言葉⑴に惑わされることなく、改めてそのシステムの総体を根本から反省し、地道にオルタナティブを探っていく必要がある。もはや土建屋政治の自転車操業で故郷を食い物にする時代⑵ではない。でないと、その先には必ずフクシマのような破局が待っている。（小林敏明『故郷喪失の時代』文藝春秋、二〇二〇年。傍線と（1）（2）は井口による）

ここで、皆さんは何を読み取るだろう。（1）は、直近に近い政府の政策への疑義と読み取ることができるのではないだろうか。すぐに役立てようとしつつ、役に立たないまま、言葉としては、早くも死語となってしまった感がある「地方創生」。それに取って代わるかのごとく「Go　To　キャンペーン」だろうか？（2）については、高度経済成長の推進のためのわが国の成長政策（一九六一年〜、一九七三年に終焉）と、その渦中の佳境にあった一九七二年（昭和四十七）の「日本列島改造論」という政策綱領（当時・田中角栄総理）の時代の文脈を今も引きずるわが国の風潮への揶揄的表現である。

「地方創生」という文脈のなかで、「土建屋政治」を克服するために、政府や自治体が率先・推進しようとしたものに「創造都市論」（参考図書❶、「はじめに」v－vi頁）や「創造都市ネットワーク日本」という発想がある。一時一世を風靡《ふうび》したかのように曲解する人もいたが、今やコロナ禍の流れのなかで吹き飛んでしまったような気がしてならないのは、私だけではないはずだ。これも、英米から生まれたジャーナリスティックな輸入学問をエピゴーネン化したことの宿命であったのかもしれない。「すぐに役立つ」と思った政府の政策であったが……残念なことである。

よく似た現象かもしれないが「小京都」という言葉がかつて喧伝された（一九七〇年頃から）。これは輸入学問ではなかったとしても、やはり一世を風靡して萎んでいった「小京都ネットワーク」の残念さをも思い出してしまう。ちなみに、おそらく「小京都ブーム」のきっかけには、一九七〇年（昭和四十五）十月に始まった、国鉄（日本国有鉄道JNR、後に分割・民営化されてJRに）が、「電通」とタッグを組んで展開した「ディスカバー・ジャパンキャンペーン」（参考図書❶二五頁、一〇二頁）の影響力があったことは否定できない。

10　地域社会とその創造性の問題

随所で記してきたが、欧米の学問やジャーナリズムで話題となった事柄や、概念がしばしばわが国でも様々な文脈で援用され、あるいは利活用されてきた。まちづくりや観光をはじめとした文化政策の場面でもそれは例外ではなかった。

あくまでも例えばであるが、「コンパクトシティ」「クリエイティブ・シティ」「コンテンツ・ツーリズム」等々。欧米の土壌で生まれ注目されたことを、わが国の文化政策の場面でも、エピゴーネン（この言葉の意味、もう一度確認しておいてほしい）のごとく、あるいはコピペするかのように利活用しようとしても、必ずしもうまくいくとは限らない。何よりも、文化とは固有価値の尊重を本旨とした、内発性を大切にしなければならないからである。繰り返しとなるが、夏目漱石が、あるいは柳田國男が、さらにあるいは鶴見和子（一九一八－二〇〇六）が大切にした思想を私たちは無にしてはいけないのである。鶴見の名はまだ出てきていなかったかもしれない。参考図書❶の一五頁、一九四頁で確認しておいてほしい。

日本とその地域、そしてその文化を「開く」ということは、本質的にはどういうことなのかを確認しておきたいものである。

11 「しごころ」の大切さ！

三つのしごころ

本書のなかで、三つの「しごころ」については詳しく記したところである。柳田がいう「史心」をヒントに、少なくとも地域社会で文化を政策として考えるときに、「三つのしごころ」が必要と、私は考えている。

「史心・誌心・詩心」がそれだ。文化政策も観光政策も、この三者が鼎立（難しい漢字であるが、「ていりつ」と読む。二つのものが同時に調和ある関係で成り立てば「両立」というが、三者の場合を「鼎立」という）しなければならないと思う。参考図書❶七〇－七三頁を読みつつ、自ら具体的に、例えば皆さんが生まれ育ったまちを想定しながら考えてみるとよいかもしれない。

小さな村にも、たとえ小さくても創造性があるということ

柳田國男は、若き日に農商務省（当時）の官僚として将来を嘱望されていた。三十三歳の年（一九〇八年）、彼は宮崎県椎葉村に視察旅行に赴く。村を挙げて、このイケメン（だったらし

い）の若き国家官僚を歓待したようで、柳田は余った出張経費を活用して、その成果を私家版で上梓した（五十冊ぐらい作ったようだ）。

この書が『後狩詞記《のちのかりことばのき》』（初出：一九〇九年）だ。この旅と著作は、柳田のその後の学問と思想にも大きな影響を及ぼしていくことになるかと思われる。

同時に「史心」の大切さにも、強く着眼したのではないだろうか。参考文献❶七五－八〇頁を確認してもらいたい。

旅をすることは学問のうちであるということ、そして旅を通して「小さな村の小さな文化にも、小さくても確かな創造性」と「中央との交流や関係性が存在すること」などに気づいたのではないだろうか。そしてその小さな創造性も、継続され継承されていくことで、ひとつの地域力となるということを。

平家の落人集落ではなかったかといわれている椎葉村で、日常に食されてきた「平家かぶ菜」とそれを活用した「菜豆腐」。これらは、おそらく九百年近くにわたって椎葉の人たちが、植物性のタンパク源と食物繊維の摂取として、「晴（ハレ）」（非日常）の日ではなく「褻（ケ）」（日常）の時空で普通に摂ってきた食材である。

そして現代、椎葉村はいわゆる「グリーンツーリズム」で人気を博し、椎葉の人たちにとっては、来訪者が訪れるという「晴」の時空のなかで、本来は「褻」の食材を提供し評判となっているようだ。（この点についても、参考文献❶七五－八〇頁を参照してください）。

日常の暮らしのなか（日常性の構造）で生み出される文化の創造性とは、ひとつの生活誌だと強く思う。他者という来訪者が、他者にとっての非日常性の構造という事実に気が付き、感銘を受けるところに、自己にとっても他者にとっても、「文化」を確かに発見する喜びがあるのではないだろうか。「文化」の発見とは、差異に対しての認識と共感への理解ではないかと思われる。

「創造都市」雑感

この文章のなかで何度か「創造都市[※]」という言葉を使用した。

また少し前の部分で「クリエイティブ・シティ」という文言で表現している。英米の一部のジャーナリスティック（研究者も含め）な人たちの間から使われたのではないかと思われるが、一時（コロナ禍以前）わが国においても、この概念は一躍広がり始めた。「都市の創造性とは……」「創造性を持った都市の経済が、都市の文化の創造性を牽引し……」といった文脈のなかで、認識が深まっていったのではないだろうか。

いわば、「輸入学問」といってもよいこの研究領域は、確かに刺激的で面白く聞こえたが、その代表的な米国のある人物は「名古屋は二流都市」と呼んで憚らなかったという、さらに興味深い話があった。

私は寡聞にして知らないが、彼はおそらく名古屋の「史的・誌的・詩的」調査や研究はおろか、興味関心もなかったのではないかと思うし、さらにいえば名古屋に来たことすらないのではないか。

「一部の都市を除いて、創造性など認められない、ましてや農山村などいうまでもなく創造性が欠如した地域だ！　創造都市を目指したければ、お手本となるような一部の都市の模倣に徹しろ！」という似非理論にしか聞こえず、何とも言い難い違和感を覚えた記憶がある。最近では、「創造的農村」などという訳のわからない弁解にも似た、曲学阿世の方々まで出てくる始末だ。どんなまちにも村にも、たとえ稚拙にみえても創造性は必ず存在してきた。

「皆さん、今一度、夏目漱石や柳田國男、宮本常一らに立ち返って日本の文化やまちづくりを考えてみませんか！」といいたい。

「流行や模倣では田舎の行政はできぬ」（柳田『時代ト農政』一九一〇年）のだから。

（※）　創造都市（クリエイティブ・シティ）とは、都市政策の在り方のひとつを指す概念である。文化・芸術と産業・経済との豊かな関係性のなかで、都市の創造性が増進されるとする、もともとは欧米発の着想であるが、わが国でもその文化行政のなかで、文化庁や自治体が中心となって、二〇〇〇年代初頭より積極的に導入された発想であった。

民俗学の知

そしてさらに「民俗学」からの知を改めて再確認したい。おおよそ、文化政策や観光政策を学ぶ若い人たちのなかで、日本を対象に考えている人たちにも「西欧かぶれ」的エピゴーネンが少なくなく、日本民俗学の知がほとんど考慮されることなく通り過ぎ去られているようで残念に思う。そんな彼らには入門書として、島村恭則の著作『みんなの民俗学』（平凡社新書、二〇二〇年）を読むことを勧めたい。

なお、民俗学はドイツで生まれた学問であるが、日本民俗学は柳田がそれを換骨奪胎したものではなく、独自の視点で日本社会に適合し、その豊かな未来のために「経世在民」と「学問救済」を旨に創設したものであるということを強調しておきたい。

そこでまず、島村のこの著書の一部を引用して、考えるヒントにしたい。

民俗学とは、人間（人びと＝〈民〉）について、〈俗〉の観点から研究する学問である。ここで〈俗〉とは、①支配的権力になじまないもの、②啓蒙主義的合理性では必ずしも割り切れないもの、③「普遍」「主流」「中心」とされる立場にはなじまないもの、④公式的な制度から距離があるもの、のいずれか、もしくはその組み合わせのことをさす。……民俗学は、覇権主義を相対化し、批判する姿勢を強く持った学問である。……日本の民俗学でも同様である。日本の民俗学者たちは、啓蒙主義的世界観では切り捨てられ、覇権主義的世界観では支配の対象とされる、非主流、非中心の世界こそが民俗学の対象であると考え、これに正面から向き合ってきた。

正鵠を得た島村のこの指摘は、柳田の初期の作品である「遊海島記」『後狩詞記』『遠野物語』で、すでに明らかであることがわかる。また一時流行った欧米発の「創造都市論」を種本とした日本のそれが、島村がいうような大切な視点を敢えて見ようとしてこなかったかということも、行間から読み取ることができるだろう。

また私のこの拙著のなかで紹介したが、折口信夫の「先生の学問」というエッセイは、社会科学では足りない要素があるがゆえに、民俗学とはそれを補うための大切な学問であるという看過してはならない事実を示唆してくれている。

さらに紹介した、歴史学者・家永三郎と柳田の対談も興味深い。「非主流」「非中心」が社会を動かし得るということを、家永は否定し柳田は肯定する視点で捉えている（極論になるかもしれないが、「創造都市論」は社会を「主流」と「中心」の眼差しで捉え、あるいは社会を動かすためには「主流」と「中心」にならねばならぬことを求めようとしているのではないだろうか）。

文化と観光が、「主流」と「中心」の眼差しに委ねられないためにも、民俗学の知の力を忘却してはならないと強く念じている。

【資料】 柳田國男の啓示

――文化と観光について考えるための導きの糸――

この資料は、私（井口）が、気の向くままに作成したアンソロジーである。小見出しの後、柳田の原文を引用し、そのあとの【 】の部分は、私の補足・雑感的コメントを記した。

はじめに……柳田國男（一八七五〔明治八〕－一九六二〔昭和三十七〕）について

「名も知らぬ遠き島より　流れ寄る椰子の実ひとつ……」

【島崎藤村（一八七二－一九四三）『落梅集』より。柳田の大きな転機（二十三歳の頃）】

一、「私の生家」（『故郷七十年』より）（一九五九年）……民俗学への動機

「私の家は二夫婦が住めない小さな家だった。……兄の悲劇を思うとき、「私の家は日本一小さな家だ」ということを、しばしば人に説いてみようとするが、じつは、この家の小ささ、という運命から、私の民俗学への志も源を発したといってよいのである。」

【柳田の高弟、折口信夫の一文を参照されたい。折口「先生の学問」（一九四七年）↓経済史学に「神」を発見し、フォークロア（民俗学）に志向したということ。これが柳田の慧眼であったと、折口はいう】

二、「遊海島記」（一九〇二年）……恋を謳う詩人から政策科学者へ

①「あたかも島の祭りの日にて、その夜は芝居あり、明神の社の後ろなる小松原に舞台を設けて、潮風に黒みたる若者等、自ら俳優の巧みを真似び、妻や妹《いも》の眼を悦ばしむ。」

【都市と農山漁村との文化交流。住民主導の文化イヴェント。いわゆる婚活?】

②「石灰もこの島の産物の一なり。……海の幸乏しき頃は、島人これを切り出して生計とす。熱田のセメント会社は、十年の間を約して一手に買い入るる由にて、すでに若干の前金を受け取りぬなど噂せしが、今はいかにしけん。」

【地域経済のモノカルチャー化の弊。都市と農山漁村との経済的交流】

③「村の若者も多くはこの家に寝ず。二十歳前後の頃は、皆村の重立ちたる人に託せられて夜はその長屋に行きて寝るなり。」

【コミュニティの力。地域で育つ子どもたち】

④「嵐の次の日に行きしに、椰子の実一つ漂い寄りたり。打ち破りて見れば、梢を離れて久しからざるにや、白く生々としたるに、坐に南の島恋しくなりぬ。」

【愛知県伊良湖岬。日本人はどこから来たのか。『海上の道』(一九六一年)の着想】

三、『後狩詞記』(一九〇九年)……宮崎県椎葉村での見聞より

①「……猪狩りの習慣がまさに現実に当代に行われていることである。自動車無線通信の文明と平行して、日本国の一地角に規則正しく発生する社会現象であるからである。」

【文明と文化の差異。弓矢が鉄砲となり、狩という茶の湯のような上層階級の儀式が庶民の生活の手段へと変遷。歴史は棒を立てた様ではなく、横に寝かした様な要素を持つということ】

②「九州南部では畑の字をコバと訓《よ》む。すなわち火田のことで常畠《じょうばた》、熟畠の白田と区別するのである。」
【畑と畠の差異。焼畑農法について】
③「椎葉村は世間では奈須というほうが通用する。例の『肥後国誌』などには常に日州奈須といっている。村人は那須の与一が平家を五箇の山奥に追い詰めて後、子孫を残して去った処だという。」
【方言周圏論の着想につながる? 重出立証法、知の遠近法。近くの差異と遠くの類似点】

四、『遠野物語』（一九一〇年）

「この書を外国にある人々に呈す」

【柳田は、外国にいる人々ではなく「ある人々」と記したことに意味があるのではないだろうか? 〝はいからはくち〟になってはいけないという警鐘と思う。さらに遠野は小さな日本であり、また日本は大きな遠野でもあるということも併せ考えてみたい】

五、『日本の祭』（一九四二年）

「史心というものだけは、いかなる専門に進むものにも備わっていなければならぬことは、ちょうど今日問題になっている数学や生物学も同じことだと思う。」

【人として生きていくうえでの人文知の大切さをかみ締めたい。とりわけ反知性主義が跋扈している今日だからこそ。さらに、誌心と詩心も合わせ大切にしたいものである。子どもたちにこそ、この心を大切にして欲しいと思うが、そのためにも私たち大人がそのことを熟知しなければならないのかもしれない】

六、『時代ト農政』（一九一〇年）

①「我国の如く交通の緻密な人口の充実した猫が屋根伝いに旅行し得るような国でも地方到る処にそれぞれ特殊なる経済上の条件があって流行や模倣では田舎の行政はできぬ。」

【司馬遼太郎『濃尾参州記』（一九九六）にこんな一節がある。柳田の前掲文と比較して読むと興味深い。ゆるキャラやB級グルメブームも参考に……「高月院にのぼると、テープに吹きこまれた和讃が、パチンコ屋の軍艦マーチのように拡声器でがなりたてていた。……おそらく寺の責任ではなく、ちかごろ妖怪のように日本の津々浦々を俗化させている〝町おこし〟という自治体の〝正義〟の仕業に違いなかった。私の脳裏にある清らかな日本がまた一つ消えた。山を匆々に降りつつ、こんなに日本にこれからもながく住んでゆかねばならない若い人達に同情した。」】

②「人口が都会に集注する現象……はなはだ古臭い問題……政治機関の中央集注は日本の大都会をしていっそう発達せしめ……交通は政治の中心点に向かって開け、商業は交通の開けた所で活動し、商業の盛んな所に工業を持っていき、工業が都会に起こり、人口が大都市に移動した……小規模でも地方地方の原料に頼り地方地方の勤労を利用して、滓その他の副産物を土地に残し、荷を軽くして送り出すという製造業の町……」

【現代の日本の地方創生論に突き刺さるような問題提起。地域資源の有効活用、エコシティ、地元居住者の労働力の活用、人材育成（努力発国光）、地域の自律と内発性……】

七、『こども風土記』（一九三一年）

「読者はただ眼前の人のみに求めた私たちの態度にも懺悔すべきものがいたって多い。……児童は私がなくまた多感であるゆえに、その能力の許す限りにおいて時代時代の文化を受け入れる。古く与えられたものでも印象の深さによって、これを千年、五百年の後に持ち伝えるとともに、いつでも新鮮なる感化に従順であった。そうして常に幾分か親たちよりもおそく、無用になったものを捨てることにしていたらしい。」

【感覚的な部分で、子どもこそが文化の伝承者であるという視点は、興味深くかつ大切である】

八、『遠野物語』と「現代日本の開化」（夏目漱石：一九一一年）

柳田と家永三郎の対談（宮田登編『柳田國男対談集』ちくま学芸文庫、一九九二年）

【初出一九四九年。村を動かすのはインテリか、普通の村人かを議論】

『青年と学問』（一九二八年）

「良き旅行というものはやはり良き読書と同じで、単に自分だけがこれによってより良き人となるのみならず、同時に人間の集合生活にも、何か新たなる幸福なるものを齎しうるか否かに帰着する。……」

【学問救世、経世済民の思想は、観光にも通じる!? 世に言う「爆買い」や、外国人観光客の財布に依存するような観光振興は、本当に日本人の心や知恵を豊かにしてくれる旅となり得るのか】

『郷土誌論』（一九一六年）

「今後村が幸福に存続して行かれることを覚らしむように便宜を与えてやらねばなりませぬ。小学児童を名所旧跡の通にしてのけるような、平凡よりも劣った事業をもって甘んじていてはならぬのです。」

【柳田が、「志ある者に」と銘打って記した言葉である。旧弊な学問であったり、変にすぐに役立つような実学重視を子どもたちに施していいのかという警鐘だ】

＊柳田の引用文は、角川ソフィア文庫版および、ちくま文庫版『柳田國男全集』を参考にした。

あとがき

「これ、本当に観光学の本ですか?」といわれるかも知れないと改めて思う。同社からの前作『反・観光学——柳田國男から、「しごころ」を養う文化観光政策』(二〇一八年)では、表題だけでそういう人もいたに違いない。その続編(あるいは、姉妹編といってもよい)である本書は、「深掘り観光〜」と表題で銘打っているにもかかわらず……。すなわち、両書ともいわゆる「観光振興の成功事例」や「計量的な視点からの、観光現象の推移」など一切出てこないのだから、そういわれても仕方ないことだろう。

私がこれまでの拙著・拙編著の表題で初めて「観光」という文言を標記したのは、二〇〇一年(平成十三)のことである(『観光文化の振興と地域社会』ミネルヴァ書房)。しかし、もちろんそれ以前から、観光については変わらぬひとつの思いに近いものがあった。そしてそれを、単に観光を学ぼうとする若い人のみならず少しでも多くの人たちに伝えたいと思ってきた。本書でも可能な限りそのことを記したつもりであるが、あえてここで端的に三点書き留めておきたい。

①観光による経済への波及効果は、否定するべきものではないが、しかし何より観光とは文

化でなければならない。すなわち観光を、短期間で得られるような経済効果、費用対効果獲得のための安易な「手段」としてはならないということである。観光とは、それを「目的」として地域文化を継承し守り伝え、新たな創造をも踏まえつつ、おのがまちの「文化資源」に対しての慮《おもんぱか》りの弛まぬ努力を続けた「結果」として、その彼岸に経済効果もまた、もたらされるものであるということ。

②わが国では、「観光学」が古くから醸成されてきたとはいえないので、誤解を恐れずにいうならば、「観光学」と「観光業学」の違いを互いに対峙しつつ見詰めなければならないということ。それは、「計量的視点」を否定はせずに、さらにそれ以上に大切な「定性性」を見極めなければならないということ。そのためには、柳田國男と宮本常一が示してくれた「公共民俗学」の視点を、「観光学」を学ぶうえでも忘れずにいてほしい。そして、「観光」そのものを学ぶことは、読書を通して「人文知」を養い、書籍とともに社会の行間を読むことでなければならない。

③よって、観光について深く考えるための原点は、書籍との出会い、人との出会いではないだろうか。その経験を通して観光は研ぎ澄まされていくのである。

私は若い頃に読んだ柳田國男が『青年と学問』（一九二八年）のなかで記した、読書と旅に関わる関係性についての洞察が忘れられない（詳細は、本文で紹介した）。

すなわち、彼は旅行の価値基準は本を読むことと同じであるという趣旨のことを述べており、良い旅行と良い読書は、ともに自分一人のみを良くするのではなく、社会全体に「新たなるもの幸福なるものを齎《もたら》し得る」ものでなければならないというのである。

コロナ禍前夜まで、外国人観光客の懐を強く当てにするような観光の在り方があったとすれば、きっと柳田は泉下で痛く嘆じていたに違いない。

また、高度経済成長期に『街道をゆく』の連載を始めた（一九七一年）司馬遼太郎は、この作品群を通して、流行や模倣、そしてスクラップアンドビルドに翻弄され、地域社会の真の文化資源が音を立てて崩れてゆこうとする時代に、大きな楔を打ちこもうとした。

その第二七巻の『因幡・伯耆の道』（一九八六年）のなかで、彼はこんな言葉を残している。

「書物で旅することは、なまなかに現実を旅するよりはよい。……筆者のゆたかな感性をたどって、景色の内側の本質にまで入ってゆけるからである。人が人の世を深く過ごすことには、すぐれた人達の感受性にたよるしかない。」

人文知を育む大きな力となるもののひとつは、読書力があると改めて私は思う。そして、観光の要諦はまさに人文知の力が基本でなければならないと。

かつて二十一世紀の冒頭に、小泉純一郎内閣が「観光立国」実現を目標においてから、大学の世界でも「観光」が学問として注目されるようになったのではないだろうか。私たちの学生時代には、あり得なかったことではないだろうか。数少ない例外として立教大学の社会学部では、学科として「観光学」を学ぶことができ、その後二〇〇〇年前夜に、おそらくわが国初の「観光学部」となった。

したがって、私もダイレクトに「観光学」を学んだ経験は、学生時代にはまったくない。ゆえに、「曲学阿世」あるいは自虐的にいう造語であるが、「独学阿世」とならないように努めなければと念じつつ、学生たちにはもちろん随所で伝えてきたつもりである。

二〇二一年の新年間もなく、二度目の緊急事態宣言が発出された。「Ｇｏ Ｔｏ キャンペーン」の失策も喧伝されるなか、観光は混迷をきたし続けていることは否定できない。しかしコロナ禍の時代に雌伏するようにして、とりわけ碩学たちの書を読み解く旅は、終息の暁には、ホンモノの文化資源の大切さと人文知の認識を基本に据えた、より良き観光のための新たな道が、きっとわが国に開かれるものと信じたいし、そうあるべきことが私たちの責務でもあるだろう。

二十二世紀に生きるであろう、子どもたちのためにも。

末筆となったが、このような拙著を再び世に出す企画をいただいた、ナカニシヤ出版の宍倉由高氏、石崎雄高氏、白石健一氏には衷心よりの感謝を申し上げたい。そして、企画からゲラの校生に至るまで細部にわたってご高配いただいた石崎氏にはさらなる深謝の意を呈したい。

屋上に屋を重ねることになるが、しかも読者諸氏には、まったく記さなくてもよい極めて私的な「屋」で面映ゆいが……。

ゲラ刷りの初校が拙宅に届き、校正作業をしていたときに愚妻の淳子があることに気付いて笑った。私自身、いわれる前にはまったく気付きもしなかったことだ。

「キーワードのひとつとなっている「人文知」、子どもたちの名が一文字ずつ入っているね。でもひとり足りないわ（笑）」

「人文知」という言葉に、子どもたちの名を意識したわけではなく、彼らを命名するときこの三文字を意識したわけでもまったくなかったので、その言葉には笑って無言で返した。

遼人・文加・知加がその名であるが、三女の惟加の名が入ってないと愚妻は笑って責めた。直截的には関係のないどんな些細なことでも、その細部にまで惟《おも》う気持ちを忘れてはならないということは、観光について考えるうえでも大切であると、改めて彼らへの謝意とともに痛感したところであった。

二〇二一年一月十八日

ゲラ刷り初校が届いた日、淡海の拙宅にて

筆者敬白

■著者紹介

井口　貢（いぐち・みつぐ）

1956年滋賀県生まれ。滋賀大学経済学部卒業。滋賀大学大学院経済学研究科修士課程修了。岡崎女子短期大学助教授，岐阜女子大学文学部助教授，京都橘女子大学文化政策学部教授を経て同志社大学政策学部総合政策科学研究科教授。文化政策学・文化経済学専攻。

著作：『反・観光学』（ナカニシヤ出版，2018年），『くらしのなかの文化・芸術・観光』（法律文化社，2014年），『まちづくり・観光と地域文化の創造』（学文社，2005年），『文化経済学の視座と地域再創造の諸相』（学文社，1998年），『観光文化と地元学』〔編著〕（古今書院，2011年），『地域の自律的蘇生と文化政策の役割』〔編著〕（学文社，2011年），他。

深掘り観光のススメ

——読書と旅のはざまで——

2021年4月30日　初版第1刷発行

著　者　井口　貢

発行者　中西　良

発行所　株式会社　ナカニシヤ出版

〒606-8161　京都市左京区一乗寺木ノ本町15

TEL（075）723-0111

FAX（075）723-0095

http://www.nakanishiya.co.jp/

印刷／製本・亜細亜印刷

＊乱丁本・落丁本はお取り替え致します。

ISBN978-4-7795-1535-4　Printed in japan